易經生活・叢書 02-1

易經美學

《修訂一版》

金星出版社 http://www.venusco555.com
E-mail: fatevenus@yahoo.com.tw

袁光明著

金星出版

國家圖書館出版品預行編目資料

易經美學 （修訂一版）／袁光明著，--臺北市：金星出版：紅螞蟻總經銷，2022年 [民111年] 修訂第1版 面； 公分--（金星易經生活叢書・02-1）

ISBN:978-986-6441-83-7 (**平裝**)

1.CST:易經 2.CST:研究考訂

121.17 111010824

易經美學（修訂一版）

作　　者：袁光明
發 行 人：袁光明
社　　長：袁靜石
編　　輯：王璟琪
總 經 理：袁玉成
出 版 者：金星出版社
社　　址：台北市南京東路三段201號3樓
電　　話：886-2-25630620•886-2-23626655
傳　　真：886-2-23652425
郵政劃撥：18912942金星出版社帳戶
總 經 銷：紅螞蟻圖書有限公司
地　　址：台北市內湖區舊宗路二段121巷28・32號4樓
電　　話：(02)27953656(代表號)
網　　址：www.venusco555.com
E-mail　：fatevenus@yahoo.com.tw
法雲居士網址：http://www.fayin777.com
E-mail　：fatevenus@yahoo.com.tw

版　　次：2008年1月第1版　2022年7月修訂1版
登 記 證：行政院新聞局局版北市業字第653號
法律顧問：郭啟疆律師
定　　價：360　元

行政院新聞局局版北字業字第 653 號
(本書遇有缺頁、破損倒裝請寄回更換)

投稿者請自留底稿
本社恕不退稿

ISBN :978-986-6441-83-7 (平裝)

（因掛號郵資漲價，凡郵購五冊以上，九折優惠。本社負擔掛號寄書郵資。單冊及二、三、四冊郵購，恕無折扣，敬請諒察！）

作者序

《易經》是一本形成於殷末周初的一本書。而且在整個周代被當時士大夫階級及當時的知識份子廣泛來應用的一本書。因此非常帶有周人文化美學意趣與思維邏輯性。

《周禮・大卜》曰：『大卜……掌三易之法，一曰『連山』，二曰『歸藏』，三曰『周易』。而『連山』、『歸藏』已失傳。

鄭玄對『周易』的釋辭是：「周易者，言『易』道周普，无所不備。」

《周易正義序》中指《周易》之周，為『周人』之周，有別於殷之說法。

無論如何，《周易》這一本原本歸類於占筮算卦之書，卻是建立中國基本的哲學思想系統的一部鉅作。《易經》的內容，富有邏輯性脈絡，所有的卦象，兩兩相對相隨，又前後有關聯。陰陽符號井然有序的變化排列，非常有秩序感。其中所包含之精神，把天地萬物和社會、家庭、人事及自然現象，濃縮在八個可以無限變化及有發揮作用的卦象之中。這是要經過多麼的深層思想，以及要具有多麼極度高深的智慧，以及對世事、人事的理解、統馭，才能產生的深度哲理所輯合成的一本書啊！因此，我覺得這不僅是周人的哲學、美學及人生觀或世界觀，也是要理解、處理現今世界之哲理、人生觀或世界觀，所應建立之深層美學觀念。

易經之美，無所不在，彌綸天地，立象以盡意，其哲理內容不但包含了藝術審美的表達方式，即所謂之『象徵藝術』。亦帶有詩歌意味的『言有盡而意無窮』。因此『易經』實蘊含了深邃豐富世界觀的哲理之美。

易經生活02

易經美學

目　錄

第一章　《易經》是中國邏輯思想及美學觀念的開端

《易經》這本書大約成書於西周初年[1]，後又有『十翼』，爲《易傳》。《易傳》包括了《彖傳》上、下，《象傳》上、下，《繫辭傳》上、下，《文言》，《說卦傳》，《序卦傳》，《雜卦傳》。

很多學者認爲《易經》是一本宗教筮之書，而《易傳》（又稱《易大傳》）將《易經》的本質改造，把一些《易經》中宗教巫術的內容除去，再借其框架，發展出另一套以『陰陽』爲中心的哲學體系的哲學著作[2]。而《易經》加《易傳》，合稱

《周易》，亦稱《周易大傳》。

《史記》上說，孔子整理過《易傳》，並在晚年極喜歡讀《易》。因此，《易傳》中在表達邏輯思想方面的特性，便更受後人矚目。事實上，《易大傳》也是學者們公認的，『先秦典籍中思想最深刻的一部書，是先秦辨證法思想發展的最高峰。』③

『易經』是中國辯證法哲學理論的開端

雖然說《易傳》在中國哲學史上是具有重要地位的一本書，但它起源於解釋《易經》的內容，從而再發展出新的理論，因此《易經》仍是於開端，仍早於《易傳》的，爲開始發展中國辯證法邏輯思想的一本書。

《易傳》中有十篇，稱『十翼』。《繫辭傳》中有些部份是戰國前期時的作品。《繫辭傳》、《彖傳》成書較早，大約也在戰國中期時期以前。因爲《荀子》的《大略》篇引用了《彖傳》中的言語。而《庄子》的《天下》篇和《大宗師》篇包含有

《繫辭傳》中的反命題。④《易傳》中的《雜卦》和《序卦傳》成書較晚。《雜卦傳》大約是漢宣帝時期作的。而《序卦傳》大約爲漢初之前作的。因爲《淮南子》引述了《序卦傳》中的句子。⑤而『淮南子』爲漢時淮南王劉安所作，爲漢武帝時期人物。由此可見，無論是孔子、老子、荀子、莊子，以及以後的中國哲學家們，其實都深受《易經》辯證思想及哲學及美學的影響與啓發，並延續其論述，這是無庸置疑的事了。

『易經』是中國文化及思想史的開端

漢朝劉勰在其所著的《文心雕龍》的『原道』篇中所說：

『人文之元，肇自太極，幽贊神明，《易》象惟先。庖犧畫其始，仲尼翼其終。而乾坤兩位，獨制《文言》。，言之文也，天地之心哉！』

明代學者宋濂也在著作《文原》中說：

『人文之顯，始于何時？實肇于庖犧之世，庖犧仰觀俯察，畫奇偶以象陰陽，變而通之，生生不窮，遂成天地自然之文。』

由此可見《易經》不但是影響中國早期古代思想家的開端，同時也是中國文化的開端起源。

用『理』、『象』、『數』為手段來模擬世界及萬物

《易經》的內容主要包括由八卦推衍出來的六十四卦的卦象、卦辭和三百八十四爻的爻辭。其境界在於『理』、『象』、『數』的推理。『理』、『象』、『數』中還包括了陰陽、五行等重要範疇。因此六十四卦其實就是用『數』的奇偶對立或統一關係去創造一個反映事物潛在變化模擬的『象』出來，再用『象』來說明『義理』，這就是『理』。

唐代孔穎達所著有《周易正義》中說：

《易》者象也，象也者像也。

又說：

《易》卦者，寫萬物之形象，故《易》者象也。象也者像也，謂卦為萬萬物象者，法像萬物，猶若乾卦之象法象于天也。

接著還說：

凡《易》者，象也，以物象而明人事，若《詩》之比喻也。或取天地陰陽之象以明義者……

由此可見，以『象』來明人事、明事理，就是《易經》的中心思想與內容。其實，《繫辭傳》裡說得更好，點明『象』之意是『立象以盡意』。如：

『子曰：書不盡言，言不盡意。然則，聖人之意，其不可見乎？

子曰：聖人立象以盡意，設卦以盡情僞，《繫辭》焉以盡其言，變而通之以盡利，鼓之舞之以盡神。』

孔子說：『聖人立象以盡意』：表示說像庖犧氏這樣的聖人仰觀俯察天地萬物之形象，設計了八卦這種方式，以陰陽、奇偶、對立或相成的方式來表達宇宙間萬事萬物演變的方法模式。

孔子起先說：『書不盡言，言不盡意。』但是用『象』（形象）來表達展現，或是用圖來展現表達，就能盡意。用八卦形象的樣子就能展現所有事物的內情與內容了。

老子更從《易經》的精髓與原始思想中發展出『道』的學說出來，如《道德經》第四十二章：

『道生一、一生二、二生三、三生萬物。萬物負陰而抱陽。』

又如：第三十九章

『昔得一者，天得一以清，地得一以寧，神得一以靈，谷得一以盈，萬物得一以生。……』

又如：第四十章

『天下萬物生於有，有生於無』

由此可見，老子的『道』是從《易經》的『數』中，引出『理』與『象』出來的，《道德經》大約成書於與《論語》同時期，爲其弟子或後人所記述。老子是周朝人，見周室衰微而離周西去出關。周人喜歡卜筮，生活風雅、禮樂、詩誦、羽射，而且周代宗法制度已發展十分建全。早先就有《連山易》、《歸藏易》，這種由陰爻（- -）、陽爻（—）疊成的符號早已形成，爲周人所熟知，故老子再由此基礎上發展出《道》的學說理論，更補足了與擴大了《易經》在『理』方面的涵意。

近年『《陝西岐山發現的甲骨文》、《文物》一九七九年第十期』公佈，在出土文物中，有以數字形式刻寫的八卦及六十四卦的痕跡。可見《易經》形成在殷末周初時期，並在整個周代廣泛被應用。《易經》，它不但建立了周人的思想脈絡及哲學體系，並左右了周朝人的意識、思維、趣尙，和表達方式。同時，周人也把《易經》編排得更有秩序與首尾完整，成爲一部可爲當時人所廣泛徵引利用的一部人生字典。自然，後來的學者、有智慧的人，如老子、孔子、荀子、莊子等可將其內容及精神，或單一項目的範疇作爲論述來發表及引徵了。

① 張岱年：《中國哲學史史料學》，中國三聯書店，一九八二年版，第一章第二節。
② 任繼愈主編：《中國哲學發展史》（先秦）中《易經》和《易傳》一章，中國人民出版社，一九八三年版。
③ 張岱年：《中國哲學史史料學》，中國三聯書店，一九八二年版，第二十六頁。
④ 張岱年：《中國哲學史史料學》，中國三聯書店，一九八二年版，第一章第二節。
⑤ 張岱年：《中國哲學史史料學》，中國三聯書店，一九八二年版。

第二章　《易經》之核心是『日』之美學

《易經》即指《周易》。很多學者都提出：

『大卜……掌三易之法，一曰《連山》，二曰《歸藏》，三曰《周易》。』

並舉出，鄭玄對《周易》的解釋是：『《周易》者，言《易》道周普，無所不備。』在唐代孔穎達所著《周易正義序》中更解釋爲：『文王作《易》之時，正在羑里，周德未興，猶是殷世也，故題周別于殷。』

《易經美學十二講》的作者姜一涵先生提出：『易』的字義是由蜥蜴的象形字意涵[1]，以及中國爲『龍文化』與『易文化』的說法。先不論後者，專以『易』的字義來說，此作者是以《說文解字注》中之『易』之字義。

『易：蜥易，蝘蜓，守宮也。虫部蜥下曰蜥易也。蝘下曰在壁曰蝘蜓。在草曰蜥易……秦晉西夏謂之守宮……，語言假借而難易之義出焉。鄭氏贊易曰易之為名也，一言而函三義。簡易一也。變易二也。不易三也。按易象二字皆古以語言假借立名。如象即像也。故許先言本義而後引秘書說。云秘書者明其未必然也。……秘書說曰日月為易。秘書謂緯書目部亦云秘書，瞋從戌按參同契曰：日月為易，剛柔相當，陸氏德明引虞翻注參同契云：字從日下月，象會易也。謂上从日象陽，下从月象陰。緯書說字多言形，而非其義。此雖近理，要非六書之本，然下體亦非月也。一曰日从勿，又一說从旗勿之勿皆字形之別說也，凡易之屬皆从易。』

早期之學者，皆把『易』當做蜥易之易來解釋。守宮即現今壁虎，漢代鄭玄贊易稱『易』中包含三種意義，即是：簡易、變易、不易。在古代『易』和『彖』字是相通的。就如『象』和『像』一樣是相通的。

《參同契》說：日月爲易，剛柔相當。』唐陸德明引三國時吳人虞翻曾註《參同契》的話說：『易字是從日，下面爲月。象徵陰陽。謂易字是上半部從日象徵陽，下半部從月象徵陰。緯書說此雖近理，但不是原先造字的六書之本源。而且『易』之下部也不是『月』。

『易』字的另一種說法是以『日』從勿，又一說從旗勿之『易』。**但『易』字以『日』從『勿』，從旗勿之『勿』，是非常有可能的。**我們可從《說文解字注》中對另一個字『昜』字的解釋將之相比較而能看出端霓。如：

『昜，開也。此陰陽正字也，陰陽行而侌昜廢矣。闢戶謂之乾，故曰開也。从日一勿：从勿者，取開展意與章切十部。一曰飛揚。一曰長也。一曰彊者衆皃。』

『勿』為州里所建旗幟。《說文解字注》云：『為九旗之一，州里當做士大夫。周禮司常大夫士建物，帥都建旗，州里建旟。……有三游。謂彡也。三游別於旂九游、旟七游、旗六游、旐四游。襍帛、幅半異。司常曰通帛為旜，襍帛為物，注云：通帛謂大赤，從周正色，無飾。襍帛者以帛素飾其側。白，殷之正色，凡九旗之帛皆用絳。按許云『幅半異』直謂正幅，半赤半白。鄭則云，以素飾側，釋名則云：以襍色綴其邊為翅尾，說各不同，以許為長。所以趣民：趣者疾也。色純則緩，色駁則急，故襍帛，所以促民。』

周禮上說：古時士大夫所住之州里都會建旗（掛旗），所卦之旗幟有『三游』，是指旗有三隻翅尾。旜旗稱通帛，是周朝所用之正色，爲大紅赤色，且並無其他的裝飾。襍帛是以白色素色帛滾邊。白色是殷代之正色。凡是九旗之帛布皆用絳色（大紅色）。許慎說：『幅半異』，是說一幅旗幟是一半爲赤色一半爲白色的。

《釋名》則是說，這些旗幟是以白色將旗幟以翅尾滾邊，說法各有不同。這些旗幟其實是用來催促百姓又有活動了，或有戰爭了，要快點集合起來之意。

我們再回到『易』這個字，筆者認為此『易』字是一個象形之字。《繫辭傳》中有一段從包犧氏作八卦的景像。

『古者包犧氏之王天下也，仰則觀象于天，俯則觀法于地，觀鳥獸之文與地之宜，近取諸身，遠取諸物，於是始作八卦。』

『易』的上部是一個『日』字，世界上所有古文明的源頭都是從『日』開始的。因此所有古文明的太陽的標記『⊙』都大致雷同。遠古時代初有人類的時候，四處曠野，日出、日落，白日的明亮與夜晚的黑暗是十分震撼人心的。太陽的移動也是當時人們不得不注意之事。每當日出、日落總會有一個景像十分美麗，就是太陽初昇時，圓圓的大太陽下部會拖著尾巴，緩緩上昇，這拖著的尾巴，即是光影與地平線連接時的景像。法國畫家莫內的『日出，印象』的畫作中即包含此影象，十美麗，也使人震撼。可是這在當時的古人來說，太陽下部的尾巴，即像千軍萬馬的旗幟飄揚。此景像在沙漠地帶的曠野可看到。在一般無大山擋住的曠野也能看到，到了日落時分，太陽像鮮艷欲滴的蛋黃一般，緩緩下降，將與地平線接觸時，又會有尾巴出現，這種現象常常長達十幾分鐘到半小時之久。喜愛看日出、日落的朋友，應該都常常見到此現象。自然包犧氏『仰則觀象于天』而作八卦，自然也看到了此現象。爲『易』命名的人，更是非但看到此一景像，而且記憶深刻此一景象，於是將天地萬物一天的開始與結束中會演變的事物與道理，著書，且稱之爲『易』。換而言之，『易』這個字，就是太陽初昇與日終黃昏時，最後美麗的景像之圖騰代表。最先將《易經》名之爲『易』，無論是『連山易』、『歸藏易』、『周易』也好，將這種卜噬之學，名之爲『易』，即有此種從『日』之美麗開始初昇到美麗結束的意味。

《繫辭傳上》中說：『天地變化，聖人效之。天垂象，見吉凶，聖人象之。』

天垂象，指的是日月之明暗盈虧。吳澄注『見，猶示也。』，指聖人見到日月所顯示的明暗盈虧，陰陽變化，所顯示出的吉凶法象，而將之翻譯解釋出吉凶悔吝之辭，以供後人參考。

《繫辭傳》中說：

『生生之謂易。』

荀爽解釋：『陰陽相易，轉相生也。』

李道平解釋：『陽極生陰，陰極生陽，一消一息，轉易相生，故謂之易。』

此指陰陽不斷的互換變化，一消一長，如日出日落，月出月落，再日出……周而復始，一天天的開始、結束，這就稱之爲『易』。

《繫辭傳》又說：

『是故易有太極，是生兩儀，兩儀生四象，……』

易既是指陰陽不斷的變化，而必先有『日』（太陽）有明亮，才有陰暗。因爲陰陽明暗是相比較而成的，五代及宋初陳博作《無極圖》，後周敦頤作《太極圖說》，南宋道教的蕭應叟作《元始無量上品妙經內義》都將做成陰陽太極的圖形☯，這就是兩股氣一陰一陽在相互循環追逐的形象，像兩隻蝌蚪魚相抱在運動周旋的圖形。其中兩個點或小圓黑點（黑圓）與白點（白圓）即代表『日』與『月』。白色的旋氣代表陽氣，其中的小黑圓代表太陽（日），黑色的旋氣代表陰氣，其中的小白圓代表『月』。這也表示陽中有陰，陰中有陽的意思。

在《易經》中有五幅卦是直接談到『日』，或與『日』這個主題有關。

首先是『乾卦』。乾卦的卦辭是『元亨利貞』。就是開章明義的說乾天之陽氣是萬物的根本及本源，居於萬物之首。必須是先有太陽出現，再有『乾道變化，各正性命』《象傳》。陰陽二氣在天道中規律變化，萬物才得以生長。

並經『**保合大和**』的過程，乃『**利貞**』。天地大化的開始是指天地間陰陽二氣的中和與對立面的統一，要保持這種陰陽的中和及統一面，萬物才能續存，是故因

『**大和**』而有利，因保持住『**大和**』而至『**貞**』。

乾卦之卦辭階段其實是先將『日』之功能先標明清楚了。接著在『爻辭』部份再來講『日』之進度。

『初九：潛龍勿用。』

《象傳》解釋道：『**潛龍勿用**』**的原因是**『**陽在下也**』。指龍潛藏在水中還沒發揮作用。《象傳》以『陽在下也』來解釋『潛龍勿用』，這表示陽氣未旺。也代表太陽（日）在地平線的起點。其實『乾卦』初九的爻辭和『坤卦』初六的爻辭『陰始凝』是相對立的。

在《易經》六十四卦中，在乾坤二卦裡就十分顯明的告知大家，這是以陰陽產生矛盾及循序統一的理論。以『坤卦』的初六『陰始凝』來表示黑暗的開始。

以龍比喻『日』

以龍比喻『日』，在《彖傳》中有解釋『乾卦』之爻辭的，稱『**大明終始，六位時成，時乘六龍，以御天。**』

《禮記．禮器篇》：『大明生於東，月生於西。』大明即是指『日』，指太陽。『六位』是指乾卦的初爻、二爻、三爻、四爻、五爻、上爻等六個爻位。『六龍』指乾卦將『日』比喻爲『龍』，取『龍』爲象，而有的潛龍、見龍、惕龍、躍龍、飛龍、亢龍的這六個『日』之升起、下降的變化。以達到駕御天道的規律模式。因此陰陽二氣可不斷的相交相合，對立又統一，由此又產生萬物這種生物製造與進化的過程是日日復年年，周而復始的循環進行的。

到了『九二爻』、『見龍在田，利見大人。』此時『日』已出現在天上。陸希聲解釋說：『陽氣見於地，則生植利於民。』有陽光、有水、萬物得以生長。此處以『龍』來隱喻有才德之人，『利見大人』就是說有大才大德之人，經過潛修之後已經要出來有所作爲，爲百姓貢獻力量，將其德業來惠施於民了。

中國古代將『日』比做『龍』，比喻爲有才德、有智慧的君子、大人，寄託以希望，其實在外國也有相同之思想的。例如：

柏拉圖說：『最始的知識，與稍進化的知識，都會推崇『太陽』或『日』為宇宙『唯一的美』。

柏拉圖非常喜歡凝神觀照這『唯一的美』。而這個『唯一的美』也就是以『日』為『智慧之光』。

柏拉圖曾說：『與人的理想目標（The Idel Goal）最接近相似之物便是太陽。』②

可見中外美學思想皆以『日』爲才德、智慧崇高的象徵。

『乾卦』與『日』的關係

『乾卦』九三爻之爻辭為『君子終日乾乾，夕惕若，厲无咎。』此時太陽已到了『惕』的位置。此位置是何位置呢?正是『乾卦』之下卦中從下面往上數來第三個爻位。也是乾卦之下卦中最上以及上卦之下的位置。此位置正是一個屬於可上、可下階段，可以有反復機會之時位。九三的爻辭是說：爲君子之人，每日行事不停息。從早到晚時時刻刻的警惕自己，易有危難之事會發生。如此小心翼翼的，才能無過錯。

《象傳》指『終日乾乾，為反復道也。』指君子人每日不斷反複的努力進德修業，努力不懈，也不斷警惕自己。九三爻以陽爻居陽位得位正，而無懼。

此九三爻反應出了一位像『日』一般陽剛的君子人的每日努力上進的作爲。

九四爻的爻辭為：『或躍在淵，无咎。』

此爻是說，當龍或陽氣躍域或潛伏於深淵之中，皆無過錯。九四爻已脫離乾卦之下體，而進上體部位，雖也是上下交錯的位置，也具有反復無常可上可下的危疑之位，但是象徵『日』的『君子』只要意志堅定的有上進之心，不做邪妄之事，自然會無過錯的。

九五爻辭為：『飛龍在天，利見大人。』

此爻辭是說代表『日』的龍或乾陽之氣發展到了鼎盛時期，彷彿龍騰躍飛上雲天。同時也是比喻有大才大德之人得其時能有所作為，從爻位之關係來說，九五是尊位，此九五爻也是乾卦之主爻。以二、五爻相應爲最重要，九二爻時已『見龍在田，利見大人』了，因此離潛出世的大人，能相互感應以登尊位。

上九爻辭為：『亢龍有悔。』

《象傳》指：『亢龍有悔』，盈不可久也。』王肅解釋道：『極高曰『亢』。』此乾卦發展至上爻，乾陽之氣已到達頂點，陽極會生陰，故會向『陰』的方面變化，故也會晦弱暗沈、不再高亢起來。

用九的爻辭為：『見群龍無首，吉。』

『用九』是『九之用』的意思，表示『九』之大用，足可變成『六』。九、六可互變。在上九爻的『亢龍無悔、盈不可久』之後以龍爲象徵性的乾陽之氣，一下子變化，乾坤互轉，陰陽易了位，這種天道的規律與組合又重新變化成爲一新的模式，這種變化是永遠無所終了的。

我們如果將此乾卦、六爻的潛、見、惕、躍、飛、亢的六個時位，由下而上的發展過程，由『日』之初升至日正當中的過程時段來看待，此描述也非常吻合。例如『潛』就是寅時以前之太陽。『見』是寅時初升之『日』，光亮而耀眼。『惕』是卯時的『日』，子曰：『君子進德脩業。……故乾乾因其時而惕，雖危無咎矣。』故此時是進德修業，隨時惕厲自己的時間。』『躍』是『辰時』的『日』。表示熱力四射，是具有行動力的時間。因此君子可積極進修品德及發展功業。『飛』是『巳時』的『日』，此時『日』已高飛升至天頂，也象徵君子有光明之前途，才德大展。『亢』是『午時』的『日』。太陽過正午，鋒芒已過，將會轉爲陰，乾陽之氣將轉弱，故稱『亢龍有悔』。乾陽之氣轉向晦弱、陰暗之面了。

《易經》中第二個講到『日』的卦是『離卦』

『離卦』卦辭為『利貞，亨。畜牝牛吉。』

這幅卦上，表面看不到『日』。但是《說卦傳》解釋道：『離，麗也，離爲日。』因此『離卦』的本象就是爲『日』。指日高懸在天空中光芒四射的樣子。同時此卦描寫的『象』爲『天天升起』的太陽若以卦體釋卦名，離卦爲兩離相重爲一卦，言之爲『重明』。離卦（䷝）以六二與六五爲主爻，此二爻皆柔爻，並以柔爻夾雜附著於二剛爻之間，又居於此卦上體之中位及下體之中位，故稱柔附麗於中正之道，爲柔中作用得以發揮。因此稱『畜牝牛吉』。因爲牝牛（母牛）也有柔中、柔順的作用，故爲吉。

初九爻辭：『履錯然，敬之無咎。』

初九爻講的是黎明時分太陽初升之時，一日之計在於晨，許多雜務紛至，須要用謹慎敬畏的心來做事及實踐。好的開始是成功的一半，先有避免犯錯的心，自然會有好的結果。這就是敬之無咎。

六二爻辭：『黃離元吉』。

《象傳》上說：『黃離元吉，得中道也。』在離卦中的主爻本是在六二爻與六五爻上，以六二爻爲柔居下體中位，爲『柔麗乎中正』，則亨通大吉，爲『元吉』。此時爲中午時分，太陽升至天頂，自然萬分明亮，由人頭頂直接照射下來，這也是『柔麗乎中正』。郭雍解釋道：「『黃』爲中之色，而德之至美者也，故言『元吉』。」

九三爻辭：『日昃之離，不鼓缶而歌，則大耋之嗟，凶。』

此爻講的是日西斜已過中午之象。猶如七、八十歲老之將至之嘆。

離卦本義是『**明兩作**』。意義爲指日出日落，日復一日，太陽今天降下，明早又會升起，天道有一定的規則。九三爻因爲是陽爻又居陽位，位置並超過了此卦下體之中位，因此以『日昃』之日來象徵它。

九四爻辭：『突如其來如，焚如、死如、棄如。』

六五爻辭：『出涕沱若，戚嗟若，吉。』

上九爻辭：『王用出征，有嘉折首，獲匪其醜，无咎。』

九四爻的爻位已進入此離卦的上體，下體之太陽已落下，而上體的太陽才將要升起。在此上卦的三爻中，但爻辭並不直接講『日』的升降事情，而是將『日』比喻作新君繼位。項安世解釋道：『日繼日，猶君繼君，有天才諸候嗣位之象焉。』故以君主比喻『日』，古時亦有『天無二日』之說，也是以『日』來比喻君主的。

離卦的上體卦中，九四爻、、六五爻、上九爻、三爻的爻位皆不正，故所比喻的君王繼位之事也會不正。九四爻算是上體的初爻，以剛爻居陽位，算不正。因此爻辭是說：君父剛死，就急於奪位，最終被天下人所共棄而焚燒死了，且死無葬身之地。六五爻以柔居陽位，得離卦上體之中位，雖不算當位，但得中也能正。故六五爻所談之繼君爲先王將死時有極度悲傷、淚流如雨，憂傷嘆息不止，不以得位爲樂，如此表現，可稱爲『孝子』。因此得吉。上九爻在離卦上體中以剛居陰位也算不正。但『六五爻』的柔中之德的新君，委任『上九爻』的賢人去征服那些不服之人以正邦，使國家能安定，立了大功，故使不正而歸正。

離卦，象徵日，也象徵火，爲一柔附於二剛之中，其體用是以二剛爲體，以一柔爲用『以虛其中不用而有大用』之意，『虛其中』則爲柔發揮作用而有用，因『太陽』之意又擴展成更多之意涵了。

《易經》中第三個講到『日』的卦是『晉卦』

『晉卦』的卦辭是：『康侯用錫馬蕃庶，晝日三接。』

卦的卦義是太陽升起，明出地上，超出了地面，就像人生也會愈上進，愈光明。晉卦爲（䷢）爲下坤上離，《說卦傳》：『坤爲地。離，明也。離爲日。』指離在坤上，坤爲地，就是太陽在地之上，表示陽光普照，一片祥和。康侯這個柔順之臣，以眾多的馬納貢於君王，君王也在一日之間，用隆重之禮，接迎康侯。表示爲太陽初升的太平景象。

初六爻辭：『晉如摧如，貞吉，罔孚，裕无咎。』

《雜卦傳》曰：『晉，晝也。』晉，是白日、白晝，此爲晉卦之本象與本義。

晉卦卦義爲進升，藉由『日』之柔進而上行，象徵明君在此卦上部離體中，以柔爻進居君位，下部坤體中有三個柔爻爲順臣、順民，將會依附於明君。初六爻原本應和九四爻相對應，但初六爻是柔居陽位，而九四爻是剛居柔位，皆不當位，故初六爻的上進之路爲九四爻所阻斷，因此在上位的明君，起先是很難信任初六爻的，此時初六爻固守柔順之道，獨自守正道，能寬裕自處而不會有過錯。此初六爻是言『日』之初升，緩升之狀。

六二爻辭：『晉如愁如，貞吉，受茲介福，于其王母。』

程頤：『王母！祖母也。謂陰之至尊者，指六五。』本來二爻是和五爻相應的，因此六二爻要和六五爻相應。因五爻本是君位，但六二與六五是兩柔爻相應，無君臣之象，故稱六五爻以王母去說明六二爻對六五爻的依附之情。此爻意指六二爻上進之心很堅決，用力揪住六五爻來依附不放，因爲守中正不改其志，固守爲臣柔順之道。

六二爻的時位，也是在表明『日』初升時的緩緩上升。地平面與『日』有光影連接，所以稱『晉如愁如』。王夫之解釋道：『愁同秋手，秋手，固也。』二與五正應，晉之尤篤者，故曰『愁如』。」此爲『日』緩升得慢，彷彿有物揪住『日』一般。

六三爻辭：衆允，悔亡。

六三爻爲晉卦下體（坤體）之終，即將進入上體（離體），下體三爻皆柔爻，爲柔順之臣。得衆人之信任，也能得明君之信任，因此不會有災悔。虞翻解釋：『允，信也。』

六三爻的時位，表明『初升之日』繼續緩緩上升中。

九四爻辭：『晉如鼫鼠，貞厲。』

九四爻以剛爻居陰位，為不當位，故將其比喻為鼫鼠，貪食祿及竊高位（靠近六五爻），違反晉卦本義，以柔進上升的本義，故不吉。九四爻的時位，表明初升之『日』略有停滯現象。

六五爻辭：『悔亡，失得勿恤，往吉无不利。』

六五爻為柔弱之明君，切勿患得患失，有順臣來納貢而賜福，因有順臣而有喜慶，而無不利。六五爻以柔居陽位，不當位是『失』，柔進上行至尊位得中正為明君。此六五爻的時位，表明初升之『日』已緩緩爬上高處，但陽光並不炙熱。

上九爻辭：『晉其角，維用伐邑，厲吉无咎，貞吝。』

上九爻以陽爻居陰位，又處於一卦之終了之時位，因此無法再進，只能維持現狀，採取自我克制，最終也無光大晉升之道，因晉卦是以柔進為主，而惡剛強以對的。此時太陽光已變為炙熱，而不是初升之『朝日』了。

『晉卦』是以初升柔和的太陽來比喻君臣之間的關係，當然，最美的『朝日』，就是太陽剛露臉的煞那間的美麗了。這也是此卦爻辭中初六爻和六二爻以柔進而得中正的本義了。

《易經》中第四個講到『日』的卦是『明夷卦』

明夷卦卦辭為：『利艱貞。』

明夷卦爲下離上坤，爲『日在地下』，象徵太陽落入地平線之下。『明夷』是與『晉卦』相反之卦。晉爲日出，明夷爲日落，同時又代表昏君執政，政事黑暗，故君子必受傷害，要很艱難的守正道而不改其志才適宜。

《象傳》說：『明入地中，明夷。君子以蒞象用晦而明。』『明入地中』是明夷之卦象。表示是用『日』落入黑暗到再升起時的這段時間來比喻殷紂王昏庸及政權瓦解的過程。這個過程也分爲六個。例如初爻講伯夷出逃之事，則爲『日』剛入地中，因此極度黑暗。六二爻爲文王拘羑里，『日』在地中，十分黑暗。九三爻爲武王將伐紂，爲『日』在地中，黑暗中有略轉明之跡象。六四爻爲微子歸周，爲『日』在地中，又轉於黑暗，六五爻爲箕子爲奴，爲『日』在地中，是黎明前的黑暗。上六爻爲殷紂滅亡，黎明前雖黑暗，但要有新的一天的『日』將升起了。

初九爻辭：『明夷于飛，垂其翼。君子于行，三日不食。有攸往，主人有言。』

『初九爻』爲『明夷卦』下部卦體的初始之爻，以陽爻居陽位。此爻辭是說：君子人有先見之明，在暗世，避禍遠走，由於逃難急迫，無暇顧到吃食，所到之處，別人會有責怪，此爻影射伯夷、太公之事。

六二爻辭：『明夷夷于左股，用拯馬壯，吉。』

六二爻爲明夷卦下體『離』之主爻，和六五相應，故居臣位，此爻暗指文王居羑里之事。其義爲：在暗世，有股肱之臣被昏君傷害，應該快點用壯馬去救，以免受到禍害。

九三爻辭：『明夷于南狩，得其大首，不可疾，貞。』

九三爻爲明夷卦之下卦離體之最上爻，以陽剛居陽位，與上六相應。其義爲：九三爻要向上消滅上六昏君，必會得獲此昏君魁首而戰勝。但不可操之過急，應先自求穩固才行。此爻暗指武王伐紂之事。

六四爻辭：『入于左腹，獲明夷之心于出門庭。』

六四爻以柔爻居陰位，代表昏君旁左右之大臣，此指微子爲紂王近臣，《象傳》：『入于左腹，獲心意也。』微子知獲紂王之真實心意，無可救藥，故抱祭器以歸周，逃離避禍。

六五爻辭：『箕子之明夷，利貞。』

此明夷卦和別卦不一樣，昏君爲上六爻，六五爻爲與君鄰之近臣。其義爲：箕子與紂王同宗，是其臣子，因勸紂王被貶爲奴，先後裝瘋，被囚禁，晦其明德，但能守正道，不變其志，這是吉的。

上六爻辭：『不明，晦，初登于六，後入于地。』

上六爻是陰居陰位，也是即將要變化的一爻。此爻代表紂王。其意爲：紂王是不明昏君，初登于天子之位就不明昏暗，後又殘暴，爲人民推翻，殷紂滅亡。

《易經》中第五個講到『日』的卦是『豐卦』

豐卦卦辭為：『亨，王假之，勿憂，宜日中。』

豐卦爲下離上震（䷶），離爲日，震爲動。以卦體釋卦名是『明以動，故豐』。離明爲太陽，在下並震動上升。

豐卦是將君主比喻陽光之盛大，並且君王要曉得如何保持其盛大，就能兢兢業業小心翼翼的如正午之太陽非常明亮的去照臨天下大地了，也可不憂慮了。李光地解釋：『常守其中，以照察天下，則何憂之有。』

非常有趣的是：『豐卦』在卦辭部份說『宜日中』，而且說：『亨，王假之』表示是盛大之陽、明亮而普照。但在爻辭的部份所言的是『日蝕』之象。而且包含了整個日蝕的過程景象。

初九爻辭：『遇其配主，雖旬无咎，往有尚。』

此卦中初九爻和九四爻本該相應，但兩者皆爲陽爻，故兩剛相敵不相應，兩剛力量相當而均衡而無咎。《釋文》中解釋「旬，均也。」初九爻與相應的九四爻相遇，兩相匹敵，九四是其配主，而無弊病。通常在其他卦中，有應爻相敵不相應的，稱爲不相得，會不吉。但此卦中兩爻相敵不相應，反而形成均衡形勢，是好的。

六二爻辭：『豐其蔀，日中見斗，往得疑疾，有孚發若，吉。』

此爻是說，有很大的物體覆蓋遮擋住太陽，正午太陽正盛大光亮，突然變黑暗了，就連北斗星都可看見了。此時，六二爻必須守信、守中道，要誠實，勿猜疑，再小心得到六五爻的允許再動，否則不能動。六二爻本應是和六五爻相應，但兩柔爻相敵不相應，雙方也保持均衡不動，因二爻皆居上、下卦體之中位，不能過中，故不能動。以不動爲吉。

九三爻辭：『豐其沛，日中見沬，折其右肱，无咎。』

此爻辭是說：天空有如拉上黑幕般，夜已降臨，而連北斗星後面的小星星都看得見了。

此時要明哲保身，否則就會有折斷其右臂的傷身之禍了，那就是自己傷害自己，不這麼做才會無過錯。

九三爻本應和上六爻相應，九三爻是陽爻、剛爻。上六爻是陰爻，柔爻，因此九三爻的力量較剛強，上六爻力量較弱，力量不均衡，九三爻居於離體的上位，但會過中，**繼續**上行。就像太陽已過午會西斜一般。光亮已不再如午前豐明了。因此九三爻應保持不動，因爲愈移動就會愈不明。

九四爻辭：『豐其蔀，日中見斗，遇其夷主，吉。』

此爻辭的前兩句『豐其蔀，日中見斗』與六二爻是爻辭相同，但意義不同。此指天空本身就不明而晦暗，幾乎看見星斗更是幽暗不明，遇到能均衡相匹配、相匹敵之主，爲『吉』行，是好事。

九四爻是和初九爻相應的，兩剛爻相應，相匹敵，力量均衡稱等夷。因九四爻是此卦上體震體的主爻，它能動但不明，須要下體離體的幫助。故初九爻能幫助它，而稱『過其夷主，吉。』

六五爻辭：『來章，有慶譽，吉。』

此爻辭是說：六五爻下行來向六二爻主動去求『明』。故稱『來章』。六五爻與六二爻是相應的二爻，相互往來，互補不足，六二爻在離體中，主有明亮。

六五爻在震體中，主有動能，相互幫忙補足所需，動而不過中，而能保其豐，而獲得吉慶榮譽，這是吉的。

六五爻與六二爻皆柔爻，兩柔爻也勢力相當，故能保持平衡而不過中。此爻已象徵日蝕已有變化，黑影已開始從太陽上緩緩移動減少。

上六爻辭：『豐其屋，蔀其家，闚其戶，闃其无人，三歲不覿，凶。』

《象傳》解釋道：『豐其屋』，天際翔也。「闚其戶，闃其无人，自藏也。」

此爻辭是說，上六爻好大喜功，把自己家的房子蓋得很高大，幾乎高到天際了，結果為一大風把屋頂吹跑了，失去住處。接著上六爻又害怕了，把自家門窗都嚴密的關著，不露一點光線，從外往裡面窺視，他躲在裡面，但看不見有人，如空屋一般，以至三年都看不到上六爻的動靜，這主凶。

上六爻與九三爻是相應的兩爻，但一柔一剛，力量不平衡。上六爻又居於震體的最終之位，勢必要動要變要明，但得不到九三的幫助，故形成不明盲目而動而自我毀滅之勢。此爻象徵說：在日蝕天空黑暗之時，不要一下子太剛強、囂張，一下子又害怕到長久躲避起來，要小心翼翼才不會有災禍臨身。否則就會被嚇到而有災了。

※　※　※　※

在《易經》中這些直接或間接談到『日』的卦辭及爻辭中，其實包含了一天之中太陽在十二個時辰的各個位置。同時也包含了『日蝕』這種太陽古怪的現象，並將這些太陽的現象來比喻象徵一些人事及故事，內容十分豐富，從其中我們也可看到一些作者利用歷史故事及在當時欲教化百姓的許多痕跡。這五幅講『日』的卦辭及爻辭，實際上提供給我們整個《易經》的中心思想是以天道有循環、有不變、有變的許多本質，我們只要多從對『日』的觀察，就能瞭解《易經》的真諦，也能瞭解到許多事物要明理而動，要均衡守中，才會得到正道而萬事吉順。

① 《易美學十二講》姜一涵著，期藏藝術家庭出版，二〇〇五年版」，第五十七頁。
② 柏拉圖：《理想國》卷六，第五〇八頁。

第三章　《易經》中時間與空間條件的美感

《易經》中時間與空間的條件很特殊，和一般的美學概念不一樣。其中有些原理也牽涉至二元辯證概念，因此可以說《周易》是一外表簡單，內裡龐大複雜的筮法系統。這個系統又統合了蓍、卦，以及事物三種哲學原素。三種原素相互交叉糾結，相互影響，也相互解釋，而形成『神以知來，知以藏往』的重要信息。

在《周易》中包含著結構模式裡，有蓍與卦相互依存。蓍屬於未知的，是事物運動的潛在模式。《易傳》曰：『蓍之德圓而神。』指蓍的意義彷彿如圓球一般會滾動及圓滿變化。這個圓球的形象自然有時間及空間的形象存在。

蓍又是以『數』的奇偶分類相互產生對立統一，再經過這兩類奇數與偶數的分分合之運算而建構出『世界的模式圖』出來。

『卦』的模式是由爻畫建構的。『卦』又分爲能模擬世界萬物生成模式的三畫卦之『八卦』，以及可模擬宇宙萬物運動變化的六畫卦的六十四卦等兩種卦型。

『八卦』用奇（⚊）與偶（⚋）這兩種符號素材來結構、建構對客觀世界的理解和認識。同時奇（⚊）與偶（⚋）這兩種符號也代表了陽與陰，剛與柔。

在《周易》中陰陽與天地同義。《繫辭傳上》曰：『剛柔者，晝夜之象也。』剛柔是陰陽變化。晝夜是天地間的變化。

《繫辭傳》

『是故易有太極。是生兩儀，兩儀生四象。四象生八卦。』

太極是宇宙變化，天地未分之前，元氣渾然一體，指物質世界新生之時，《周易乾鑿度》：『易始於太極，太極分而爲二，故生天地。』

俞琰：『儀也者，一陰一陽對立之狀也。』可見太極生天地，而天地有陰陽，陰陽就是奇與偶的符號如（⚊）（⚋），於是可以畫出八卦的第一爻出來。

兩儀生四象是指陰陽相遇可產生春夏秋冬四時運行。於是原先的一奇一偶又會生出一奇一偶出來。這就是象徵『春』的少陽（⚎），象徵『夏』的老陽（⚌），象徵秋的少陰（⚍），象徵『冬』的老陰（⚏），於是八卦的第二爻產生了。將來冬去春來，老陰能變少陽。夏去秋來，老陽能變少陰。

四象是四時，運行變化後能生八卦。八卦是世界上的八種物體，就是天、地、雷、風、水、火、山、澤。於是四象卦上再生出一奇一偶而成爲三畫卦或稱第三爻。於是八卦形成。即乾（☰）、兌（☱）、離（☲）、震（☳）、巽（☴）、坎（☵）、艮（☶）、坤（☷）。

從太極到兩儀、到四象、到八卦的這些過程之中，都代表了物質存在及運動變化的基本條件和形式，這其中自然也包括了空間和時間的條件在內。例如八卦中含有八方與四時之意，四象就是四時，也代表東南西北四方。

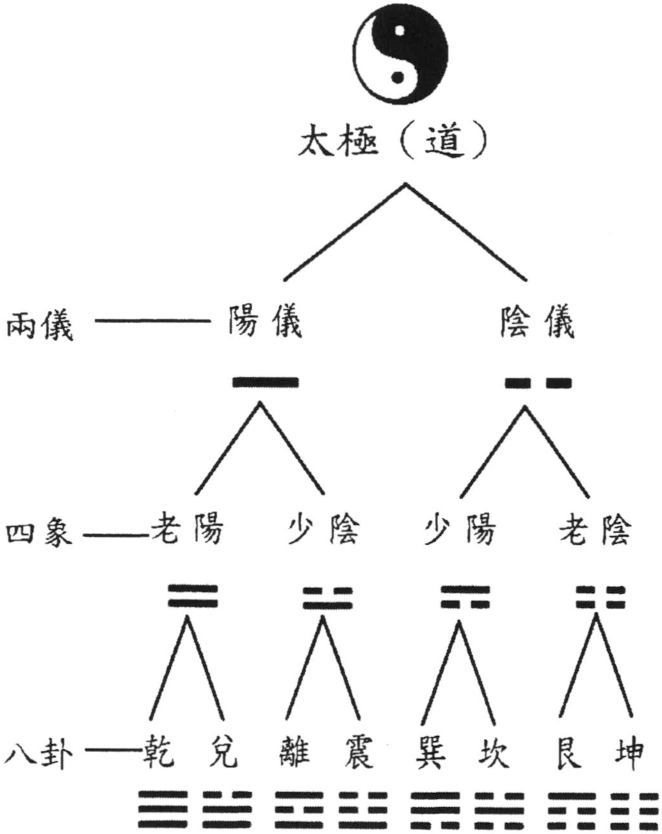
太極（道）
兩儀——陽儀
陰儀
四象——老陽
少陰
少陽
老陰
八卦——乾
兌
離
震
巽
坎
艮
坤

六十四卦的時間與空間狀態

《周易》中，以卦的模式來模擬宇宙中的事物。用三畫的八卦來模擬世界上萬物靜態存在的具體事物。而用六十四卦來模擬世界上萬物相互作用、鬥爭和產生矛盾，相互推動，相互統一。由於這種推動和擠壓動作，因此客觀存在的具體事物，彼此間有了聯繫，而產生種種變化和運動。

六十四卦的每一卦，是由兩組三畫卦之八卦相互重疊而變成六畫卦的六十四卦的。下面的三畫卦稱爲內卦，上面的三畫卦爲外卦。內外可以上下往來與升降。

六個爻畫也可以上下升降及往來。由這些往來上下的作用來產生象徵事物運動及變化的對立統一的過程。如此，也就把事物從客觀形式到內容實質方面全都成功的模擬了。

卦有時位關係

一卦設有『六位』。以初位（稱初爻）、三位（稱三爻）、五位（稱五爻）爲陽位。以二位（二爻）、四位（四爻）、上位（上爻或六爻）爲陰位。

卦之『六位』的基本公式是由下而上陽陰、陽陰、陽陰，是固定不變的。這屬於『道』的統一原理，也代表宇宙間萬事萬物都有基本的運動模式。因此用剛爻（⚊）和柔爻（⚋）來代表變化不定的因素，用陰陽對立的原理來衡量變化的結果。並且用爻位之間的『承』、『乘』、『比』、『應』的關係，將之和原始的『道』的規律相評比，而斷出吉凶與利弊得失出來。這就是『解卦』的意思了。

《說卦傳》說：『觀變於陰陽而立卦，發揮於剛柔而生爻，和順於道德而理於義，窮理盡性，以致於命。』就是這個道理了。

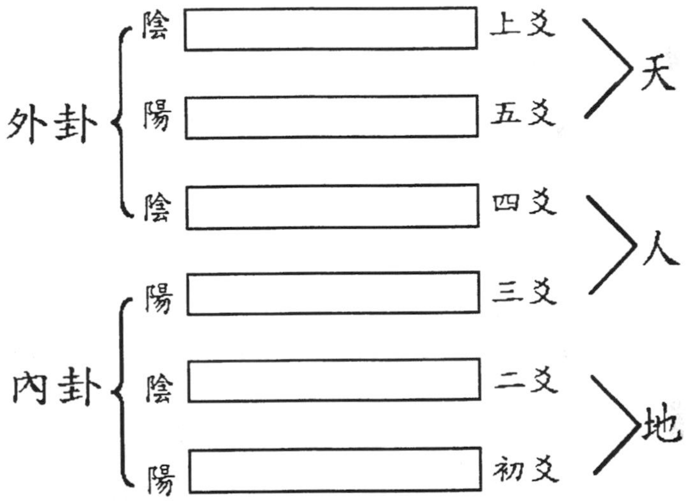
外卦
內卦
陰
陽
陰
陽
陰
陽
上爻
五爻
四爻
三爻
二爻
初爻
天
人
地

在易經六十四卦的六畫卦中，凡陽爻皆標九，稱爲『用九』，代表剛（⚊）。凡陰爻皆標六，稱爲『用六』，代表『柔』（⚋）。『承』、『乘』、『比』、『應』是陰陽在對立爭鬥時所產生關係。同時也是六爻畫之卦（兩個重疊的八卦），再依各爻的陰陽屬性，與爻位的陰陽屬性，相互之間產生的三種關係，憑此三條標準來審核各爻在時位上是否得當，爲整幅卦吉凶之依據。這三條標準就是一、是否『當位』，二、是否相應，三、是否成比。

例如：初爻之位，是陽位，也代表一卦之剛開始之時位。亦是屬於低賤百姓之位。而五爻則爲陽位，居於上卦之『中位』，亦是代表君主之位。上爻是整幅卦之終，也代表即將要變六了，要變成另一幅卦了。上爻之位屬陰。二爻屬陰，爲下卦之『中』，故也能『守中』。三爻屬陽位，位於下卦之終。四爻屬陰位，位於上卦之始。

各爻間的『比、應』關係

論相應與相比

初爻與四爻相應，二爻與五爻相應，三爻與上爻相應。也一定要一陰一陽才會相應。如果初爻與四爻皆爲柔或剛爻，則爲不相應，不相應則爲相剋，爲『敵應』關係了，不相應時有時就要觀察其是否有『親比』關係。

兩爻相　為『比』，如初六爻與二爻靠近相隣，爲相比的關係，二爻與三爻相比，三爻與四爻處於內卦與外卦的外側，而且爲下卦與上卦不同體，稱『隔體』，因此不相比。四爻與五爻相比。五爻與上爻相比。

是否『相應』，是高過於是否『當位』。是否『成比』又低於前二者。六爻的時位關係就是六爻的時間與空間的關係。

爻的時位關係

王弼在《周易略例》中說：『卦者，時也，爻者，適時之變也。』是說每一個六畫卦，都代表著在特定時間下的某一個具體事物。因此卦者，最重要的是時間問題。六個爻，則是用來表現上述特定時間中，具體事物變化過程中細膩的分解過程。每一個過程，也是一段小時段，或小的時間點。例如初爻在一卦之初（足趾部份），是一卦剛開始的時候，其變化也少，還不能發揮什麼作用。二爻、三爻、四爻，將會逐漸發揮作用，故其爻辭也有階段性變化。

《繫辭傳》曰：『爻也，效天下之動者也。』

又說：『六爻相雜，唯其時物也。』

來知德注：『有一卦之時，有一爻之時。時之所在，理之所當然，勢不得不然。』

卦有『卦時』，爻有『爻時』，『時』對於『卦』有制約限制的條件。『卦時』變了，六爻也會隨之而變。六爻變了，卦時亦會不同。

例如『泰卦』的『卦時』爲『通達』。泰卦是下乾上坤（䷊）。成爲地在上而天在下，天地位置相互調換升降。代表了陰陽相交的對立統一面完成通達無阻，因此是吉的、亨的。否卦和泰卦是對卦、反卦。

泰卦在經過初九、九二、九三、六四、六五爻到上六爻時，情況已變化到了反轉的地帶，因此六爻也不得不變，使卦成爲反卦之否卦了。此時爲天道已到了改頭換面之時。變成下坤上乾的否卦，否卦的『卦時』就是『否塞』不通。

六個爻就是六個『時位』

初爻、二爻、三爻、四爻、五爻、上爻等六個爻，就是六個『時位』。

初爻代表事物剛開始，很難知其結果或全部，因此爻辭都會說法含蓄。中間的二爻、三爻、四爻、五爻，稱爲用事之爻，是事情發展過程及變化。上爻是事物之終，代表終了之『時位』。

若用《乾卦》來看六個『時位』，最爲明顯：

初九：潛龍勿用。
《象傳》曰：『潛龍勿用』，陽在下也。
九二：見龍在田，利見大人。
《象傳》曰：『見龍在田』，德施普也。
九三：君子終日乾乾，夕惕若，厲无咎。
《象傳》曰：『終日乾乾』，反復道也。
九四：或躍在淵，无咎。
《象傳》曰：『或躍在淵』，進『无咎』也。
九五：飛龍在天，利見大人。
《象傳》曰：『飛龍在天』，大人造也。
上九：亢龍有悔。
《象傳》曰：『亢龍有悔』，盈不可久也。

乾卦的『卦時』為陽氣上升。卦時也是卦義。六爻取象為龍。而『潛』、『見』、『惕』、『躍』、『飛』、『元』，六個發展及變化階段，就是六個爻所代表的時段『時位』。凡事將之六個發展變化的時位、分析清楚，則沒有任何事是不被確實掌握的了。

六爻時位還有『得中』的問題

一卦設六位六爻，分上卦（外卦）、下卦（內卦）。二爻為下卦（內卦）之中位。五爻為上卦（外卦）之中位。如果二爻與五爻為一陰一陽，則為相應，如果二爻為六二爻，五爻為九五爻，則六二爻為陰爻居陰位，九五爻為陽爻居陽位，則此二爻是『相應又相和』。如果反之為九二爻，六五爻，雖相應但不相和。因為九二爻是剛爻居柔位，而六五是柔爻居剛位，為不相和，也不能得中。因此，二爻與五爻的『時位』上若是剛對剛，或柔對柔，都是屬於剛柔得中，但有『敵應』的。

『得中』是事物在矛盾衝突鬥爭中的最佳狀態。是凡事成大用的最佳變化的時段。如果相應而不得中，也只是事物變化中的一小段而已，並不能像『得中』一樣成爲事物變化的關鍵時刻。

《易經》的六十四卦，就是六十四個事物變化的模型庫，也算是信息資料庫，把人類所有的經驗濃縮之後儲存在其中。如果要運用時，再調閱這個資料庫，找到六十四卦中某一個事物變化的模型，將之分解、再重新組合，我們便立即能找到答案，正因爲《易經》有如此特殊的思維方式，因此我們可用簡單的模擬方式找到事情客觀的答案。而不必通過行動多次實踐的方式去找答案，因此只要像《繫辭傳》所說的：『擬之而後言，議之而後動。』就不必浪費太多的時間，就能找到答案了。

第四章　《易經》中『觀物取象』的美學

《易經》在殷末周初時形成，亦稱《周易》。與《周易》同時的，還有《連山》、《歸藏》二易。《周禮．大卜》亦稱『大卜……掌三易之法？』。即是指此三易。可見當時『易』道流行，而且形成一種知識學問，並有專人管理。並且古時即有伏犧畫卦、神農重卦，文王演六十四卦，並作卦辭，或周公作爻辭等等說法。現代人只將其看作是一部古代的卜筮書，是過於草率的。因爲《周易》這部編排有序，前後左右又相互有關聯，而且首尾完整又編輯成冊，六十四卦的卦辭與爻辭也整齊的相對相隨，並且引用歷史故事、廣泛徵引，實在是含有深邃的哲學含義的一部著作。無怪乎孔子也喜讀易，並著《繫辭傳》來再三論《周易》中之涵義。現在雖對於孔子是否作《繫辭傳》有爭議，無論如何，《易經》中所包含的宇宙與天、地、人之意識及思維，以及志趣習尙，表達方式等等的狀態，都代表了當時商周時期的人的文化思想的脈絡，其影響後代有數千年的歷史，成爲中國美學重要的傳統思想之一，是我們不得不盡力瞭解的中國古典美學體系的重要課題。

在美學觀點中，『觀物取象』的思想是美學重要的開始，同時也是影響力最大的重要特點。談到這個問題，就要從藝術的本源，與藝術創作的認識論的開端，以及對物的審美觀照等問題著手了。

在《易經》卦辭、爻辭的內容中，它並沒有言及如何『觀物取象』的方法，但所有的卦辭與爻辭卻都已包含《象》的意念與意象，但是在《繫辭傳》中卻明白的指出《易經》『觀物取象』的方法和成果。

《繫辭傳》上說：

『古者包犧氏之王天下也，仰則觀象于天，俯則觀法于地，，觀鳥獸之文與地之宜，近取諸身，遠取諸物，于是始作八卦，以通神明之德，以類萬物之情。』

由這段話中，我們可以發覺到：『觀物取象』有許多層次和方式。例如：包犧氏主天下之後，做了許多田野調查與對天象的觀察。『仰則觀象於天』是對天象中的仰觀之觀察。自然他會看到太陽、月亮、星星的運作移動、天的明暗、日夜的交替。同時『俯則觀法于地』，俯視則看地面上之河川、山地、土紋、河流之系統。再觀鳥獸之文（美麗的羽毛、獸毛、花紋），以及地理風水之好壞。從最近的地方在自身身體上來觀察，以及往遠處看，以遠的地方的物類作觀察，於是才開始作八卦。並且是考慮再三才決定用陰（⚋）陽（⚊）符排列組合，作成八卦的形式。以乾（☰）、坤（☷）、震（☳）、巽（☴）、坎（☵）、離（☲）、艮（☶）、兌（☱）等八個卦象，分別代表天、地、雷、風、水、火、山、澤八種物質基本形態。同時此八種形態也能代表及發展出一些現象和事物出來。

其次，又把八卦繼續兩兩重疊，形成六十四卦，如此，物質的形態及宇宙與人世中的現象和事物也就繼續擴展，之後跟在六十四卦後面的卦辭和爻辭又繼續表達不同的『象』出來。

從最先第一次的『仰則觀象于天』做了首先第一層次的『觀物取象』。這一層次的『觀物取象』。當然在同時間，觀了許多物，如山川、土地、鳥獸、風水等等。這一次的『觀物取象』經過了智慧的審視，再借物的外形形象加以意象上的馳騁，因此會先將萬物歸類陰陽兩大類。在運用陰陽（⚋）、（⚊）符號來組合畫作八卦時，我想也經過一段時間的設計與意象謀合期才完成的，因此這是第二階段的『觀物取象』。第三階段的『觀物取象』在於八個卦相疊，成爲六十四卦的時候，此時所觀之物較具有『形而上』之哲學意味了，所觀之物則是從八個卦而成，在成爲六十四卦的時候，繼而加之卦辭、爻辭，使其更具有擴展爲廣遠意義的『象』。因此說《易經》的『觀物取象』是具有多種層次和方式的了。

這裡我們可以由『明夷卦』坤上離下（䷣）來體會古人『觀物取象』的實質意境。太陽在地之下，表示太陽已入地平面之下。明夷的『象』從離下坤上來看，它繼續創造的『象』有象徵世道晦暗不明，要明哲保身。更有暗中涵意的『象』，如箕子抱禮器而歸周，及紂王無道而滅亡的『象』。

又例如『咸卦』，由上下卦體艮下兌上（䷞）就能看出陽爻爲陰爻（柔爻）包覆，爲男女陰陽相感應之卦。這是此卦的最早的『觀物取象』。其次由爻卦上亦可看出其象徵之『象』。如『初六爻：『咸其拇』。足的拇指是最先受感動而欲動。『咸其拇』，又是另一層次的『觀物取象』了。

在此我們可以瞭解到箕子歸周、紂王滅亡是『象』，這是由『明夷卦體』之六五爻、上六爻『觀物』而知悉的。『咸其拇』也是『象』，是由『咸卦』的初六爻『觀物』而知道的。『明夷卦』的卦象是『日落地中』，『日落地中』就是『象』。而這是由卦體（䷣）離下坤上『觀物』所得的。『咸卦』卦象是『陰陽相感應』。是由卦體（䷞）艮下兌上各爻間相互對應所『觀物』所得的。如初六與九四對應，六二爻與九五爻對應，九三爻與上六爻對應。

再之，六十四卦以爲『象』，而八卦（單卦）以爲『觀物』。再之，八卦以爲『象』，陰（⚋）陽（⚊）以爲『觀物』，再之，陰陽以爲『象』，天地日月星辰，大地以為『觀物』。由此可知，實際上，『象』與『觀物』是互為『表裡』的，物質的本身既能成『象』，又是被『觀物取象』的『物』，『物』、『象』之間，是不斷變化的，這就要看當時的時間為何，或是目的為何了，也要看事態的發展為何了，這也就是《易》的原始真理。

由小喻大，由近及遠的特點

在《易經》中，每一幅卦幾乎都是『由小喻大』的。例如《繫辭傳》中說：『八卦成列，象在其中矣。因而重之，爻在其中矣。剛柔相推，變在其中矣。』

八卦所成之象極多極大。八卦相重疊為六十四卦，而總共的爻辭共有三百八十四條爻辭。陰陽剛柔相互推去迎往，宇宙萬物無限發展的變化就在其中了。這些都是由小喻大的狀態。

《繫辭傳》曰：『天地之大德曰生。聖人之大寶曰位。何以守位曰仁。何以聚人曰財。』

天地之德是生育萬物。『聖人』指領導者，最貴重之寶物就是『政權』。如何能守住領導者之大位，親民愛民，服眾望就是『仁』。如何聚集人氣，得人才，來生養萬民百姓，就是『財』。現今就是說『搞好經濟』之意。

這些也就是由某一點之小意，擴大至更大之意的『由小喻大』。

《易經》『否卦』九五爻辭中說：『其亡！其亡！繫於苞桑。』

『其亡！其亡！』是常懷戒慎恐懼之心，『繫於苞桑』是說：把物繫於桑樹上柔嫩的枝葉上。此句爻辭是講常懷戒慎恐懼之心，則可保其人自己一身或一國的政權不亡。這是由繫物於苞桑不安全的小事，『由小喻大』到自身與國家安危的大事。

『由近及遠』的例子更屢見不鮮

《繫辭傳》曰：『**其初難知，其上易知，本末也。**』指《易經》的初爻是代表事物剛開始，還很難知道事情的全部。其上是指『上爻』，『上爻』代表事情的終了部份，容易知道全部事情的結果，這像樹的根本始末一樣。由初至終就由如『由近而遠』之意。

《繫辭傳》中說：『**象事知器，占事知來**』也是由近及遠的例子。通過卦象就可知道事情將發展的方法了。通過占卜事情，就可知道未來將發生之事了。

又例如：

《易經》『需卦』的卦義為『等待』。待時而進，由近及遠。如初九爻之『需于郊』。九二爻辭之『需于沙』。九三爻之『需于泥』。六四爻之『需于血』。九五爻之『需于酒食』。此卦言及有大河坎險橫擋在面前，要由近而遠先入險才能出險。因此要等待時機。首先要『需于郊』等待在城外野地上。第二步要『需于沙』，等待於河邊流沙上。第三步要『需于泥』，等待於泥濘之地。此時已浸入泥水中了。第四步要『需于血』。此時爲等待已久，知道涉險時機已到，便順天命而渡過坎險了。第五步，『需于酒食』，此時已很高興的等待用酒食自食及款客。第六步接納乾體的三陽爻，變成訟卦。這種一步步等待時機的描寫，十分傳神的傳達了人在等待，由近而遠的心路歷程。

另有一種是卦中所含意義是『由近及遠』的。例如『既濟卦』與『未濟卦』，既濟卦（䷾）離下坎上，卦義是說坎險已渡過，大功告成，但其發展就會有局限。意味將由成功轉向失敗。此卦藉由大車和孤狸過河來表現意義，其中也引用了殷高宗伐鬼方的歷史事件來引徵其要表現意思。既濟卦最終是小狐過河，頭浸在水中，是非常危險的狀況。表示過河歷險將不成功。『未濟卦』是和『既濟卦』相反的一卦，其卦義是未取得成功。由不成功而歸向成功。也用殷高宗伐鬼方，三年有成而賞賜各大國，『未濟卦』至上九爻，『**有孚于飲酒，无咎**』是歷險成功而飲酒。但仍警告說：『**濡其首，有孚失足。**』如果不知節制，繼續飲酒作樂，仍會像小狐一樣頭浸在水中，會失敗的，『既濟卦』和『未濟卦』是以涵意由近而遠的比喻，不但論及自身的成敗關鍵，更遠濶至國家興亡，都必須要兢兢業業才行。

在《易經》中『觀物取象』的對象和素材是『彌綸天地，无所不包』的。由動物身上『觀物取象』的有大壯卦的『羝羊觸藩』，由物品上『觀物取象』的有鼎卦。由人身體器官『觀物取象的有咸卦，由涉及王權問題而『觀物取象』的有萃卦。由自然現象『觀物取象』的有震卦。由濟險度過窮困事物來『觀物取象』的有坎卦，由論及『道德』及『王道』問題來『觀物取象』的有升卦，以上種種真是彌綸天地之事，無所不包了。

觀物者的方式

以上所談，大多是『觀物取象』之對象及方法，那是『被取、被觀』的一方，現在來談一談『施與觀』的一方的方式。宗白樺在《美學散步》中指出，中國哲人的觀照法是《俯仰往還，遠近取與》。並指出：『這種觀照法，也是詩人的觀照法。

而這觀照法表現在我們的詩中畫中，構成我們詩畫空間意識的特質。』

觀物的方式能造成空間感！這是一點也不假的事。因爲由『俯仰往還』的位置，自然已與『物象』有了距離，空間感自然產生，則不論遠近取與都自然會有空間感了。例如『俯』是俯視，這是會站在高處俯視。『仰』是由低處往上看，爲仰視。例如看星空、看月，皆需仰視。『往』是由近向遠看，自然空間變大。『還』是收目，由遠看到近。是由空間大處移目轉到空間小處，但仍有空間。

中國詩人在詩境上，最喜歡用『俯仰往還』的方式來創造意境，因爲這樣才會意境深遠，氣勢磅礡。如王羲之的《蘭亭集序》中直接就說：『**仰觀宇宙之大，俯察品類之盛，所以游目騁懷，是以極視聽之娛，信可樂也。**』由『宇宙之大』、『品類之盛』就可觀其氣勢浩大如宇宙之大，豈不讓人浩嘆！

中國詩人要有靈氣、才氣，一定要有大氣魄，也一定要會俯仰往還，心眼馳騁，用心觀照，才能達到較深邃的境界，如魏晉時稽康的詩：『**目送歸鴻，手揮五弦。俯仰自得，游心太玄。**』

中國畫家在於繪畫上有更多的『俯仰往還』的經驗，例如在習畫、或寫生時的磨練，一直要到『成竹於胸』之後，才減少這種『俯仰往還』的鍛練功夫。但『俯仰往還』的功力已深植於心中了。

在中國畫中，『俯仰往還』是構圖的基本概念。即是指『構圖章法』，清代蔣和所撰之《學畫雜論》中舉『章法』言：『**山峰有高下，山脈有勾連，樹木有參差，水口有遠近，及屋宇樓觀布置各得其所，即是好章法。**』②

此句中『山峰有高下』，即是『俯』，『山脈有勾連』是『仰』。『樹木有參差』是『往』，水口有遠近，及屋宇樓類布置各得其所，即是『還』。因此在中國畫中，必有此『俯仰往遠』的條件，才算是有好章法或能看之畫。這個『俯仰往還』的繪畫重要條件，我們在范寬的『谿山行旅圖』中能見到，在李唐的『萬壑松風圖』中也能見到，更能在明代董其昌的『夏木垂蔭圖』中見到，以及在清石濤的大畫中見到。

『觀物取象』的方式，從古至今，永遠沒完沒了的一直持續在進行著。無論在一切的藝術活動中或人類生活運作上，也始終利用這種『俯仰往還，遠近取與』做爲『觀物取象』的方法。但我們要瞭解：『觀物取象』的最後目的，在於『創新』，而不只是形象之『再觀』。雖然剛開始的時候所取之物象，仍是原來的物象，但這會經由人眼與人的思想智慧再轉化，因而終究不會與原『物象』一成不變，而會進入『形而上』的形『象』之中。這就是再創的『象』了，也是進入最高層次的『象』。也因此，一切的藝術活動在不斷的轉變與進化中，也會進入『形而上』的哲學領域。『觀物取象』最後延伸的結果，也會進入『形而上』的理論境界而無法終止。

①《美學散步》，宗白樺著，上海人民出版社，一九八一年版，第九十三頁。

②《畫學雜論》清．蔣和撰，《中國畫論類編》（上），俞崑編著，台北華正書局。

第五章　《易經》中『立象以盡意』的美學

自古以來，中國的文學、藝術創作者或思想家都把《易》當做是中國文化或藝術最早的起源。例如劉勰在《文心雕龍．原道》中說：

『人文之元，肇自太極，幽贊神明，《易》象惟先。』

而且《原道》的文義和主旨，也多出於《易經》。

南朝陳朝時畫家姚最在論『文士』與畫家的《續畫品並序》中說：

『陳思王云：傳出文士，圖生巧夫。……若永尋河書，則圖在畫前，取譬《連山》，則言由象著，今莫不貴斯鳥跡而賤彼龍文……』

『河書』即河圖、洛書。傳說古時有神龜負書，伏羲氏時黃河中有龍獻圖，即八卦的圖樣。《連山》爲三『易』之一，已失傳，現有《周易》流傳，即現所謂之《易經》。『言由象著』，是指『言』都是由『象』而著作出的。

《繫辭傳》：『子曰：聖人立象以盡意。』即是此意。

《繫辭傳》中這段話是這樣講的：

『子曰：書不盡言，言不盡意。然則，聖人之意，其不可見乎？』

『子曰：聖人立象以盡意，設卦以盡情僞，繫辭焉以盡其言，變而通之以盡利，鼓之舞之以盡神。』

孔子告訴我們，書上所寫的是不能完全表達所想的理論、概念之言語的，而理論、邏輯性的語言，又無法完全表達精神意念方面的東西。然而，聖人的精神意念，我們就完全看不見了嗎？不是的！聖人會用建立『象』的方式來讓我們看到他想表達的『意』。會用設卦象的方式來顯示給我們看事情的真僞。因此孔子簡單的用『立象以盡意』就把《易經》的內容、精神和目的點明清楚了。

到底什麼是『象』？什麼又是『意』呢？

一般普通的分辨法，『象』就是形象、外表，是可看到、可觸摸的實質物體，但實際上在《易經》中，有大部份是想像之『象』，意念之『象』，或是比喻之『象』。有時候這些『象』不一定存在於現實之中，但卻會存在於我們的思想或腦海中，所以應歸爲象徵之『象』。**例如『晉卦』**的卦體是下坤上離（䷢），卦象是太陽升起，卦義爲上進。由卦體上已可看到太陽在地上已升起的模樣，再看與晉卦相反的『明夷卦』，『**明夷**』爲『明入地中』。卦體是下離坤上，卦象是日落，爲黑暗之卦。接著又引申出來，『晉卦』爲柔順之臣，得君主敬重之禮。而『明夷卦』爲明德賢人受害。

又如『頤卦』，卦體是下震上艮（䷚），卦有口象，爲養生之道，卦義爲養正則吉。引申出的內涵意義爲從人之養生之道觀察其人是否是養德，還是只養口體，是養人還是養己。

又如『大畜卦』之卦體是下乾上艮（䷙）卦象是艮止乾而養乾，乾積養而待時。卦義是論積蓄，積蓄人才，積蓄才德，學有所成而能用，其用至大，故稱大畜。人才與才德的積蓄也是後來衍生出來的義理，也爲『象』。

又如『无妄卦』之卦體是下震上乾（䷘），卦象天道實而不妄。卦義爲不訓災，違背之道必招災，也強調天道在自然規律方面的真實性。

另外像一些卦辭、爻辭中所描寫的內容及故事，也是『象』。如『豐卦』六二爻辭：**『豐其蔀，日中見斗，往得疑疾，有孚發若，吉。』**

『豐其蔀，日中見斗。』說明有日蝕現象，日被遮蔽了，天色昏暗，以致北斗星都看得見了，此表示當時的『天象』。而其上六爻之爻辭是：

『豐其屋，蔀其家，闚其戶，闃其无人，三歲不覿，凶。』

此言害怕的緊閉門戶，使屋內黑暗無聲，像空屋一樣，以致三年都無人看見其有何動靜。這是人事的『象』，其實『豐卦』又衍生出來的意義爲：兩個對立面要相互轉化，必須明動相資，或退而守中，這樣才能保持其繼續強大。這又是內在含意所形成之象。

其實只要我們用心深切的體會一下，便立刻會發現在**《易經》的卦辭及爻辭中，是既有『象』，又有『意』的**。同樣一個爻辭或卦辭，是既包含有『象』，又包含有『意』的。

『意』通常被看做意義、義理，或稱為觀念，含意及想法。《易經》是一個『象徵藝術』。自然會『象』與『意』皆包含在一個理念及爻辭及卦辭之中。

通常，我們看到《繫辭傳》中『子曰：立象以盡意。』我們就會直覺的以爲《易經》中的『意』是『象』生的。由『象』而生『意』。但實際上，有某些『意』也能生『象』。

如『豐卦』之卦辭爲：

『豐：亨，王假之，勿憂，宜日中。』

《序卦傳》解釋『豐』:『豐者,大也。』,《彖傳》解釋『豐』:『大也。明以動,故豐之。』俞琰解釋『豐者,至滿至高而極盛之義。』

豐之意義在於極其豐盛,做爲權力之大,像太陽一樣盛大的君王,就要像太陽在日正當中的中午的太陽一樣普照大地,一樣的盛大,如太陽一樣在中正之位,就沒有什麼可憂慮的了。

此『豐卦』卦辭先點明一個主題意義,再用君主的權力、權位呈現出要表達意思的『象』出來。

又如『旅卦』也是這樣的:

『旅』之意爲羈旅在外。通常旅客之身份都是需要隨遇而安的。旅居在外,就在能像在自己家中一樣隨便,並且要時時謹慎,退讓要柔順、順應現況,以趨吉。因此只能以『小亨』來安身,不能大刺刺的沒有禮貌,以致遭人討厭,就有可能被趕出羈旅之地,而身無所歸。『旅卦』先點出了人的境遇、時況,接著卦辭『小亨,旅貞吉。』表示出旅人當時的態度形象狀況是小亨,是謹慎、不猖狂的。自然結果也是美好的。

在孔子說：『聖人立象以盡意』之下一句爲『設卦』以盡情僞。表示在《易經》中『立象以盡意』的同時，也是『設卦以盡僞』的，故《易經》的卦辭、爻辭是要和『卦象』一起看的，一起參考的。這樣《易經》中所顯示的『象』有三種，而所顯示的『意』也會有三種。

三種『象』是形象、表象、意象。

三種『意』是情意、理意、象意。

三種『象』之『形象』、『表象』、『意象』皆分外在或內在

例如：『乾卦』『外在形象』是龍之潛、見、惕、躍、飛、亢變化的過程。而『內在形象』是指『陰陽二氣』由對立面而中和統一，形成大化之始的和合，以生育萬物。『乾卦』之『外在表象』爲龍，『內在表象』爲『日』。『內在意象』爲『天地陰陽生成萬物的原始形成的過程與結構』。『外在意象』爲才德具大之君子，經過潛靜修練與修養之後出來供獻力量，居於上位，可有利於民。

『乾卦』的三種意：情意、理意、象意也有分內在、外在之分

例如：

乾卦的『外在象意』是龍之潛藏、飛躍變化之過程，以表達陰陽轉化的過程。**『內在象意』**是君子當自強不息，脩辭立誠，而天下治。『乾卦』之**『外在理意』**是君子或君主當如龍之飛躍發達或潛藏在淵，皆可進退自如。**『內在理意』**則是乾陽、陰柔二氣經過對立產生的矛盾鬥爭及中和統一的反復過程之後，而成了保合之大和，而利於萬物的生長及生命的持續而不夭折。

『外在的情意』是：天地產生孕育萬物的過程是有始又有終，有終又有始，終始相因，永無止境，值得敬佩。**『內在情意』是：**乾道剛健中正，能以美、善利物來利天下，而不居功，而有偉大之德行。

又例如：『坤卦』的外在及內在的三種『形象』、『表象』、『意象』

『坤卦』的『外在形象』是：『利牝馬之貞』。取馬爲象，一牡一牝，一剛健一柔順。**『坤卦』的『內在形象』是**：元始的坤陰之氣，促使萬物生成，但也能配合乾陽之氣而運動變化。

『坤卦』的『外在表象』是柔順的牝馬與位卑的大地。**『內在表象』**是坤陰漸漸接受含藏乾陽，陰陽消長變化的過程。

『坤卦』的『外在意象』是：乾坤陰陽在一定的條件下可相互轉換變化，由對立轉化互變，爲『生生之爲易』。

『坤卦』的『內在意象』是：君子人得中道，居中位，而能處事得中正，不偏不倚，謙卑、有美德。

『坤卦』的外在及內在的『象意、理意、情意』

『坤卦』的『外在象意』是：以牝馬的順從來體現坤道的行動。

『坤卦』的『內在象意』是：以君子體現坤道，從陽而不從陰，從陽則得主而吉，從陰則失主，無法形成對立，就無法相互轉化而不吉。

『坤卦』的『外在理意』是：坤陰以柔順配合乾陽來運動，以發揮孕育生長萬物的功能。

『坤卦』的『內在理意』是：君子以厚德載物，承擔重任，以育萬物。

『坤卦』的『外在情意』是：坤陰承奉乾陽以柔順，依天時而行變，一步一步的轉化，由『陰始凝』到『至堅冰』，由小而變大，漸進而致極，未來也是有可能強而犯上的。

『坤卦』的『內在情意』是：君子以正直爲修爲，合於義去處事，並由坤陰承奉於乾陽之情意，體會出臣道與妻道之道理。

當我們用心體會這些『象』與『意』的內在與外在觀點後，我們就能更真切的明瞭孔子所說的『聖人立象以盡意，設卦以盡情僞』之真意了。

中國的文學、藝術自古以來極愛用『托象以明義，因小以喻大。』[1]的手法來達到其文章或藝術品的『旨意深遠』之目的。《繫辭傳》也讚賞《易經》說：『**其旨遠，其辭文。**』此有助於後人對藝術審美的觀點有提升形象及概念的作用。並發展出後人如劉勰的『神用象通，情變所孕』[2]，以及如老子的『有、無、虛、實』，以及如莊子『象罔』，以及王弼又把莊子的『**得意忘言**』。轉變爲『**得意忘象**』。又宗炳的『澄懷味象』則無一不是從《易經》的藝術審美思潮出來的。這些都是源自於『立象以盡意』的原始美學意念的呀！

① 《繫辭傳》，韓康伯注。

② 劉勰《文心雕龍・神思》。

第六章　《易經》中陰陽——二元對立模式的美學

《易經》在殷末周初時形成，並在整個周代時期被廣泛應用及徵引。故在周時已整編成冊，內容也有規律的次序，以及前後左右有關連性了。

《易經》中之八卦由陰（⚋）、陽（⚊）堆疊而成。再由兩兩一組的重卦，形成六十四卦的形式內容，並且卦象與卦辭都有成對和相隨的規律排定，例如『乾卦』是純陽爻的卦。下一卦『坤卦』就是純陰爻的卦。如第三卦爲『屯卦』（䷂）一陽爻陷二陰爻之間，象徵天地交合而孕育。第四卦『蒙卦』（䷃）是『屯卦』的反卦，其義是以萬物初始生，還很弱小蒙昧。第五卦『需卦』（䷄）下乾上坎，爲需待之意。第六卦即爲乾體在上的『訟卦』（䷅），其義爲爭訟，相爭不可解了。

《易經》的內容是『無所不包』，且『彌綸天地』。不但包含了殷商巫卜活動的遺風，也表現出周人對於世界觀、宇宙觀，人生及人事皆組織濃縮於這基本陰陽組合的八卦之中，再由三十二幅對卦展開，成爲六十四卦，本來八卦也是三元相對的。

從這三十二幅對卦中，我們看到了《易經》提供給給我們的二元相對的，也是有普遍存在性的對立世界。周人用簡單的符號及高智慧的邏輯組合方式，將哲學中的辨證思想，輕易的詮釋出來。

八卦相對

乾—坤
震—巽
坎—離
艮—兌

三十二對卦

乾—坤
屯—蒙
需—訟
師—比
小畜—履
泰—否
同人—大有
謙—豫
隨—蠱
臨—觀
噬嗑—賁
剝—復
無妄—大畜
頤—大過
坎—離
咸—恒

豚—大壯
晉—明夷
家人—睽
蹇—解
損—益
夬—姤
萃—升
困—井
革—鼎
震—艮
漸—歸妹
豐—旅
巽—兌
渙—節
中孚—小過
既濟—未濟

在《易經》中還有一個規則會為此陰陽二元對立模式做互換及解套工作，那就是由筮法中而來的『生生之謂易。』亦即荀爽所說的：『陰陽相易，轉相生也。』亦是李道平所說的：『陽極生陰，陰極生陽，一消一息，轉易相生，故謂之易。』

用『大衍筮法』通過策數來模擬世界生成之序，及轉換陰陽相易相生之變化。實際上這也是以策數來相模擬時間的變化及萬事萬物之物質及其本質的變化。

用『大衍筮法』於三變之後，所得之數爲六、七、八、九。《易經》以變數爲占，以九、六爲變數，以七、八爲不變數，並且命爻用九、六，不用七、八。得七時，皆進爲九，得八時退爲六。九爲陽爻，六爲陰爻，六、九爲可變之爻。如果成爲可變之爻，就要九（陽爻）變陰爻，六（陰爻）變陽爻。因此整幅卦會變爲另一卦了，例如『泰卦』爲（䷊）爲下乾上坤，三陰爻在上，三陽爻在下，表示爲天地相交而萬物相通。如果數簽記數爲六九，陰陽相換，就會變成下坤上乾的『否卦』了。故稱『泰極否來，否極泰來。』這表示『泰卦』與『否卦』是可相互變化的。也因此又可從陰陽二元對立面又轉爲相互統一的一面了。

又例如『乾卦』（䷀），其六爻皆爲剛爻、陽爻爲老九。『坤卦』（䷁）之六爻皆爲柔爻、陰爻、爲老六。六九可相互變化。『大衍筮法』用數字規則來促使陰陽之相互變化，主要是因爲『陰與陽』有其抽象與多變性，而數字也有其抽象性與多變性，因此非常適合用此來模擬時間及物質變化。這也就是陽極生陰，陰極生陽，陰陽能相通互變的通理了。

在時位上的二元對立

在《易經》六十四卦中，卦體時位上有其一定的規則性，會因爲有這種規則性，以陰、陽二元對立的方式來探索模擬推演及構造世界。

在卦體時位上有三種關係，也是基本的三種規則條件，這就是『時』、『位』、『中』的關係與條件。

《繫辭傳》說：**『六爻相雜，唯其「時」物也。』**

《周易略例》中王弼說：『卦者，時也。爻者，適時之變也。』

在卦體上，六爻與六位有其基本關係，這也包括在『時』中之一。一卦中初爻、二爻、三爻、四爻、五爻、上爻皆是此卦之『時位』，是用來表示事物變化及發展過程步驟及時間的記時與記位的方法。初爻是事物發生之初期，故稱『初爻』。『上爻』是事物發展之終，代表事物即將轉變之時。一爻、三爻、四爻、五爻是代表事物發展中間之過程階段。

其中各時位遇代表另一個重要意義：如初爻在卦的最下位，代表平民百姓、位低之人。

五爻的時位是天子之位。而以二爻、三爻、四爻、爲臣子之位。

並且在『時位』上還有規則：例如，初爻和四爻相應，六爻和五爻相應，三爻和上爻相應，相近的二爻則相比。初爻和二爻相比，二爻和三爻相比，四爻和五爻相比。

每一爻在六位中又會因爲本身陰陽的關係，又處時位之陰陽，而有吉凶。例如，二爻與四爻在『時位』上皆處陰位，但二爻與五爻相應，而四爻與五爻相比，因此二爻多吉，又多美譽，而四爻因近君側而多戒慎恐懼之辭。三爻是陽位與五爻君位無相應或相比，故爻辭多凶事。

《繫辭傳》：『二與四同功而異位，其善不同，二多譽，四多懼，近也。……三與五同功而異位，三多凶，五多功，貴賤之等也。』即是此意。因此這也產生吉與凶、毀與譽、親與懼、貴與賤、功與過、利與咎等多種二元對立形態。

另外，『時位』還關係到每一爻間之陰陽對立與統一面在鬥爭之後必須退而守『中』以保持陰陽的平衡與穩定，如此才會和諧共存。《易經》中各卦均崇尚『中』，六爻所代表之『時位』也皆以得『中』爲吉。並且在『時位』中又規定，既要得中，又要相應，這就會陰陽勢均力敵，爲事物保持穩定，又生氣勃勃的最佳『時位』。這其中以二爻爲下卦體之『中』，五爻爲上卦體之『中』。二、五爻再相應爲『和』，達到『中和』目的，才是此卦的最吉之相。要達到『中和』的方式，最好是五爻爲陽爻，二爻爲陰爻，陰陽相應和**為最吉**。是剛柔相應得中正之位。**次吉的是**五爻爲柔爻，二爻爲剛爻，此稱不當位但相應，也能剛柔相濟。

第三吉的是：二爻及五爻爲皆是剛爻或皆爲柔爻，此稱剛柔得中，但不相應。此是爻位在『中位』，可補其過失，通常，在其他爻位上有相敵不相應的方式時（指兩爻皆剛或皆柔），則凶。

在『時位』上，『中位』代表事物變化的最佳狀態。在最佳狀態中，如果能『得中』，則是最吉的，『得中』及最吉的狀態，分很多層次，前述就是觀察評等最吉、次吉、三吉的方法。

例如屯卦（䷂）在『時位』上之特性：

屯卦　初九爻在最下，爻辭為：『初九：磐桓，利居貞，利建侯。』

屯卦卦義是險難。初爻爲險難的剛開始。初爻爲陽位，而初九爻爲『剛爻則當位，初九爻應與四爻相應，剛好四爻爲柔爻，故得位又相應，表示有助力，但初九爲剛開始，形勢不具備有出險條件，故只能進進退退在盤旋及等候時間，不宜輕舉妄動。

六二爻辭：『屯如邅如，乘馬班如。匪寇，婚媾，女子貞不字，十年乃字。』

六二爻爲柔爻在陰位，柔弱無力，雖與九五爻爲正應爻相中和，因『時位』在下卦之中，有條件限制，故乘馬欲上進又復返。六二爻一下子想動，又不能動。六二爻在初九爻之上，想與初九爻逆比，但逆比不能婚配，故曰『女子貞不字』。古時女子訂婚後即梳髮髻用簪子插上，稱爲『字』，代表已有婚約之女子。『女子貞不字，十年乃字』，爲女子貞潔自守又等了十年的時間，才等到與九五爻匹配成婚的好運。

六三爻辭：『即鹿無虞，惟入於林中。君子幾不舍，往吝。』

三爻爲陽位，六二爻爲柔爻，故不當位及不得中，六三爻和上六爻也是不相應，因俱爲柔爻之故。是故爻辭警告說，此狀況如同在林中狩獵野鹿，而無人帶路，在林中失去方向，君子人如果知道一點道理的人，就應先捨棄獵鹿而返回，再追下去必定有災。

六四：『乘馬班如，求婚媾，往吉，無不利。』

六四爻爲柔爻在陰位，爲當位，而又有初九爻陰陽相應，得助。初九爻很快的上往求婚媾，陰陽相和而得吉，無不利。此時形勢已有轉機，可致力出險了。

九五：『屯其膏，小貞吉，大貞凶。』

九五爻在屯卦上體坎體之中，（☵）代表爲雲雨。膏澤也爲雨，在天空上屯積未下下來。雨澤未施，表君王之恩德未施於民，在此九五君王之爻位，也該下降了。因此不動就凶。小動爲吉。

上六：『乘馬班如，泣向漣如。』

上六爻代表險難已到終了之時。故上六爻流淚帶血不止。乘馬出險，屯卦有了轉變，其上卦部份的坎體（☵），由上面降到下面地下變成蒙卦（䷃），因此一切都平順通達變吉了。

由屯卦中，我們可看到『時位』的變化，與應比關係和當位不位的關係，六個爻位上有形勢與條件上的變化來形成運動靜止或動的過程。這些變化與運動過程皆是二元對立方式的展現的。

現在看『得中次吉』的例子，解卦的『時位』特性

解卦（䷧）下坎上震。解卦卦義爲『緩解』。下體的坎爲險陷，上體的震，爲動也。此爲動能脫險。

卦辭：『解：利西南。无所往，其來復吉。有攸往，夙吉。』

解卦爲蹇卦之反卦，亦爲蹇難緩解之意。要避免再發生蹇難，故說：『其來復吉。』解卦行柔順的坤道，必能得到民眾擁護，爲避免再發生蹇難，要革除弊端越快越好，才會有功效。

解卦之六五爻爲柔爻，九二爻是陽爻、剛爻。九二爻上行與六五爻相應稱『往』。九二爻與六五爻皆得『中』，在上、下卦體之中位。九二爻是居柔位而用

剛，六五爻是居剛位而用柔，皆能有所作爲，是處解的中正之道。

『初六：無咎。』

初六爻在解卦之最初之時，最低之時，是緩解的開始，又是柔爻居剛位，又與九四爻相應，與九二相親，故陰陽剛柔相濟而無咎。

九二：田獲三狐，得黃矢，貞吉。

九二爻爲剛爻居柔位，又與六五爻相應。九二爻又居此卦下體坎體之中位，爲『得中』。故能不懈怠有作爲。『田獲三狐』爲：狐爲陰，指九二爻上與六五爻相應，居中位，上下又與初六與六三相隣，此三爻皆爲陰爻，彷彿打獵得三狐。黃矢是指九四爻。此解卦只有九二爻與九四爻爲剛爻，而九二爻爲此卦之主爻，卦中柔爻須投靠主爻而得中道，故堅守得吉。

六三：負且乘，致寇至，貞吝。

六三爻爲柔爻居剛位，不當位，代表正在緩解之時，便輕鬆不當回事，背負東西乘車，太過招搖，而遭賊寇來搶，而有災。

九四：解而拇，朋至斯孚。

九四爻爲陽居柔位，不當位。其和初六相應得用，並不守中。故無法解脫全卦，無法背負重任。『解而拇』是要解除與初六的相應關係。『朋至斯孚』是指九四爻和九二爻具爲陽位，爲朋類關係。此句是說：九二爻這個朋友會更信任你。九四爻若切斷與初六的相應關係，不救助初六，九二爻也就更能處『解』的中正之道了。

六五：君子維有解，吉，有學于小人。

六五爻是柔爻居君位及尊位，故改稱『君子』。六五爻與初六爻。六三爻皆爲柔爻，軟柔無作爲，因此六五爻這個君子，應改善柔性格，不再與同類的陰爻來往，陰爻爲小人。小人如能退避，君子人就得以解脫了。

上六：公用射隼于高墉之上，獲之，无不利。

上六爻居於最上位，此爻是說：大難緩解之後，還是要防範未然，有難就要立即撲滅，要快才行。指某公隨身帶有弓箭登於城牆之上，突然有凶悍之鷹出現，會將之一箭射下，有了高度戒備而無禍患發生。

第三吉的例子：

謙卦（䷎）爲下艮上坤。此卦二爻與五爻皆爲柔爻。謙卦有謙退亨通之意。

卦辭：謙：亨。君子有終。

《彖傳》曰：『謙，『亨』。天道下濟而光明，地道卑而上行。』

謙卦下體的艮體（☶），如天道日光下射而帶給大地光明。上體以坤體（☷）爲地道，其陰氣會上行、上升，與天相交，陰陽相會，故爲『亨』。這是謙退的益處。

初六：謙謙，君子用涉大川，吉。

初六爻以柔爻居剛位，但處謙之最下位，是最下謙之位，如能謙虛及自我修養，能涉險而平安，則吉。

六二：鳴謙，貞吉。

六二爻以柔爻居陰位，又居於本卦下體艮體之中位，是非常柔順而能謙退的六二爻本應和六五爻相應，但均爲柔爻而不相應，故謙而守於中，謙退得宜，固守而無不吉，其謙退之聲名也遠傳了，故『鳴謙貞吉。』

九三：勞謙，君子有終，吉。

九三爻是謙卦中唯一的陽爻，以剛居陽位得正。九三爻又在謙卦下體之最上爻。並以陽剛在上體坤體之下，爲謙退。故稱『勞謙』。爲有功勞而謙。謙卦中所有的陰爻皆歸於九三爻，如民心歸於有謙德之君子。很吉。

六四：无不利，撝謙。

六四爻爲柔爻，自然會謙。撝，爲揮手，六四爻揮手表示不敢當『自謙』這一美名。故無不利，沒有不好的。

六五：不富以其鄰，利用侵伐，无不利。

六五爻居謙卦上體坤體之尊位，又爲柔爻，是過謙而無威嚴。此六五爻其鄰亦皆陰爻，三陰皆過謙。在謙卦中，萬民臣服九三爻，但不服六五爻，故要利用征伐去平不服，而無不利。

上六：鳴謙，利用行師征邑國。

《象傳》曰：『鳴謙』，志未得也。可『用行師』，『征邑國』也。上六爻未得謙退之道，因居於一卦之極終位置，謙至極而不得謙，內心憂恨而鳴。用剛武自治，不是征討別人。

謙卦上三爻皆吉，下三爻皆利無害，可見謙卦可延緩陰陽對立面而可得利。

又例如：

渙卦（䷺）之九二爻與九五爻，皆爲剛爻不相應，但仍能無災，無咎。渙卦爲下坎上巽，卦義爲渙散。其象爲江可之水由寒冬、冰凍之時，經春暖冰融又還原爲水，由不通而致通。

渙：亨，王假有廟，利涉大川，利貞。

渙卦是講古代君王立祭宗廟，表示與祖先團聚，又能聚合天下百姓的人心。這是在有危難時，可涉險歷難的，是非常有幫助的。

初六：用拯馬壯，吉。

初六爻是指人心渙散剛開始的時候，用強壯之馬快速去救，可救之。

九二：渙奔其機，悔亡。

九二爻爲剛爻，居於渙卦下體坎體中位，與九五爻兩剛不相應，故不會同心濟渙。居下體之中，則能得渙之中正之道，故看到人心渙散已形成，大勢已定，九二爻奔向桌几，依几而坐，像是不感覺有危難，非常安閑的樣子，這是無災的。因爲不想被危難牽累到。

六三：渙其躬，无悔。

六三爻以柔爻居於陽位，不能得中，六三爻又與上九爻相應。此爻表示六三爻雖自己力量貧弱，但捨身濟渙，本應有災悔。但因上九爻與之相應合，故終得合聚、不渙散了，這是無災悔、變吉了。

六四：渙其群，无吉。渙有丘，匪夷所思。

六四爻是以柔爻居陰位，又靠近九五爻，故像是柔臣，九五爻是強勢君王，兩相應合，同心協力濟渙。這是吉的。六四爻，不樹朋黨，正直無私，能上安君王之心，下聚百姓之心，使渙散得到拯救。

九五：渙汗其大號。渙王居無咎。

九五爻是剛爻居君王之正位，天下人心渙散如同君王患大病，繼六四爻臣子來聚合人心，使君王之疾病轉好，像是身出大汗一般。君王的號令可通行之後，君王就安於王位而無憂了。

上九：渙其血，去，逖出，无咎。

渙卦的下卦爲坎體，坎爲血卦，當渙散已濟渙聚合之時，因上九爻與六三爻是相應的時位，上九爻要遠離六三爻之害，才能無災咎。六三爻相應上九爻是吉的，但上九爻去應六三爻則不吉，故要遠離之。因六三爻在下卦坎險、坎體之中（中位），而上九爻是處於坎險之外，是時位不同之故。

※　※　※　※

在《易經》中，『陰陽』不僅是各爻之符號，陰陽也在時位上出現，陰陽更在八卦之卦體上出現，如乾爲陽、坤爲陰。六十四卦皆是二重卦，也有陰陽。並且將卦辭與爻辭借用『吉、凶、悔、吝、無咎』等占辭論定來表現陰陽變化及運動的時態。吉與凶也是陰陽，吉爲事物的正面，爲陽。凶爲事物的反面，爲陰。吉與凶相互對立、消長，但《易經》中之中心思想強調『執中』，因此吉與凶之間有了中心點，並可隨時隨意隨勢態變化而調整，以達到執『中』之效果，達到陰陽平衡，同時也是達到了『中和』的效果。

乾卦《彖傳》曰：

乾道變化，各正性命，保合大和，乃『利貞』。

所謂之『乾道變化』即是天道的變化，也就是陰與陽的相互對應與相互調整『執中』的過程，正因爲有此運動化，萬物才得以生育性命。『保合大和』程頤說：『「保」謂常存，「合」謂常合。』也就是時常保有『大和』之狀況，『大和』又稱『中和』，《易經》以陰與陽相『中和』爲『常道』與『正道』。但『常道』也包括陰與陽之對立的矛盾狀況。不過，以乾道而論是保守住『大和』就會『乃利貞』。

在《易經》的理論裡：必須要有吉與凶、陰與陽、剛與柔、天與地等等二元條件來產生對立，然後再產生『執中』的平衡過程，如此才能對萬物有利，及孕育萬物。下面再解釋二元對立時人必須見幾而作，才能確實完成天道變化的美學概念。

『道』包含陰陽

《繫辭傳》中說：『一陰一陽之謂道。繼之者善也，成之者性也。』

《說卦傳》也說：『昔者聖人之作《易》也，將以順性命之理。是以立天之道曰陰曰陽，立地之道曰柔曰剛，立人之道曰仁曰義。兼三才而兩之，故《易》六畫而成卦。』

在《易經》的哲學理論中，天地間萬物都是受陰陽二氣而生育形成的。萬物的本質也分陰陽。萬物是由陰陽合成的，這就是『順性命之理』了。『道』之在天，稱作『陰與陽』。『道』之在地，稱作『柔與剛』。『道』之在人稱作『仁與義』，因此，『道』在天、地、人之間形成了共通的、普遍的、有規律性的客觀空間。這個客觀空間就叫做『道』。這個客觀空間很大，自然『道』也很大，大的包圍及包含住了天、地、人。自然也包含了陰與陽了。於是陰陽二氣在『道』之中不斷的變化、運動，一會兒對立，產生相斥，一會兒相混而和諧統一，於是就產生創造出萬物出來。

陰陽的『道』、『器』關係

《易經》的中心思想是講天地間有陰、陽二氣會經由運動及對立統一而能生成萬物。萬物也是由陰陽二氣所合成的。在天地之間，陰陽二氣無所不在，並且相互往來互通，因此天地之間會一會兒偏陽，陽氣重了。一會兒陰氣重了，而偏陰。

陰、陽二氣是無形的東西，陰、陽包含於『道』之中，『道』也是無形的，『道』是陰陽二氣相互交通的空間。

《繫辭傳》曰：『形而上者謂之道。』『形而下者謂之器』。『形而上』是無形的東西。『形而下』是有形的東西。『道』是無形體的，『器』是有形體的。『形而上』是指事物的客觀面，或內在的精神面。『形而下』是指事物的具體形狀，或具體實質事實。當陰、陽二氣處在客觀面或內在精神面時，是指在相互變化、統一、運動的時候，此時是在『形而上』之時間，是無形體的，也稱之爲在『道』的時期，這也是屬於規律運動形態。當陰陽二氣相互統一完成，生成萬物之時，是『形而下』之時期，是有形體的，也稱之爲在『器』的時期。此時亦稱爲具體事物形態。因此，陰與陽的『道』、『器』關係，就是這麼相互依存的關係。

如何證明『陰陽』有變化運動

陰、陽二氣是看不見、摸不著的東西，而且陰陽之變化運動，也屬於抽象的理論，一般人很難由想像及感受來理解。於是《繫辭傳》就告訴我們：

『廣大配天地，變通配四時，陰陽之義配日月，《易》簡之善配至德。』

這是說：天地間之空間是廣大的，四時指春、夏、秋、冬會相互交替，春盡夏至，夏終秋至，秋終冬至，再一元復始，以日月代表著陰陽，日為陽，月為陰。

《繫辭傳》又說：

『日往則月來，月往則日來，日月往來而明生焉。寒往則暑來，暑往則寒來，寒暑往來而歲成焉。往者屈也，來者信也，屈信相感而利害生。』

在大自然之中，日月也是陰陽，四季寒暑也是陰陽。日夜變化是因日月交替運行而致。寒暑變化是因春、夏、秋、冬的四季變化運行而致的，自然我們就能感受到陰、陽的變化運動了。

如何證明陰陽，在爭勝負相對立

前面所說：日月之於陰陽，四時變通，那一種規律性。雖然日往則月來，月往則日來，寒往則暑來，暑往則寒來，這些都是自然界之規律性。但陰陽必定要經過對立統一的往來變化，才能發展及產生新的物種或事物。因此天下事物常處於有對立面的爭鬥狀態，也常處於一勝一負，或一強一弱之狀態。《繫辭傳》中說：『天下之動，貞夫一者也。』即是此意。

『貞夫一』即是正反兩個對立方面。也算是吉與凶或強與弱，陰與陽等等的對立方位。

《繫辭傳》曰：『吉凶者，貞勝者也。天地之道，貞觀者也。日月之道，貞明者也。』

《繫辭傳》告訴我們，吉凶之道，就是吉凶相互爭勝，有時吉勝，有時凶勝。天地之道，則是天與地常爭著要顯示萬事萬物給我們看，故曰『爭觀者也』。日月之道，則是太陽與月亮相互爭著比賽明亮照耀發光。

陰與陽的『貞夫一』，相互爭勝負，因此事物就易產生變動，正所謂有『吉凶相倚，禍福與共』之說了。陰與陽在相互勝負之爭時，是時常交換位置的，有時陽勝。陽就在正面之位，陰就在負面之位。也有時陰勝，陰就在正面之位，陽就在負面之位。而正面之位以我們人來觀之，是屬於面向我們的位置，負面之位是背向我們，是我們看不見之位置，也算之躲避在後或隱藏起來的位置。這兩個對立面的產生，也往往是互相移位，有時是正面朝向我們，有時是背面朝向我們，而這兩個正、反面，也毫無界線劃分，因此陰面有時有一些『陽』，而陽面也有時有一些『陰』。這就是『陰中有陽，陽中有陰』了。這也是陰陽相互爭勝負，相互運動的現象之一。

陰陽對立統一，忌『亢』，要明『知幾』

陰與陽在相互爭勝負而產生對立統一而運動、變化之時，切忌爭勝負變化太超過，要知危，而能安。《易經》就是一本警告世人要居安思危，要掌握憂患的一本書。因此在『乾卦』之上九爻之爻辭便說：『亢龍有悔』。《象傳》解釋道：『**亢龍有悔，盈不可久也。**』在《說文解字》中，『亢』爲喉嚨，引伸爲高也，舉也，當也。『亢龍有悔』就是說乾卦上爻（第六爻）已到最高之頂端了，再要變，就會轉向另一卦去，本身之乾卦就要消亡了。因此，『亢』有太超過，太過頭之意。不僅代表陽之『乾卦』會如此。代表陰之『坤卦』也會如此。『坤卦』之上六爻爻辭爲『**龍戰于野，其向玄黃。**』指坤陰和乾陽相互對立和抗爭，因是和乾陽的抗爭，故稱龍戰。上爻居於此卦之極外之地，稱之爲野。玄爲天之色，黃爲地之色。此時陰陽相混雜，已分不出顏色了，故會變。因此有用六（指六之用也），六之大用在於變九，太超過就會變成新的體物和新局面。

陰陽對立要明『知幾』，『幾』是指事物在變化過程時所顯示之極微妙變化。『知幾』就是要掌握陰陽對立統一的過程，要確切明日每一個事物變化的小細節，用心體會及觀察吉凶變化，隨時加以輔正，這樣就能隨時有控制權，而達到『執中』之效果。因此也能操控陰陽，而不為陰陽變化無以事從。《繫辭傳》說：

『幾者，動之微，吉之先見者也。君子見幾而作，不俟終日。』

此意是說，微妙變化，從輕微運動開始，這也是先得到吉凶之先見之明，先看到吉凶的兆頭而知道的，君子人會先看到這種事物微小的預兆就開始預防的做一些動作了，不會等一整天而不動。

《易經》在哲學、美學上揭示了陰陽變化的意義何其多，也何其浩大呀！

第七章　《易經》中剛柔兼濟之美學

中國長久以來，對文學、藝術的審美觀都有一共通的看法。

清代桐城派的文學評論家姚鼐說的好！他說：

『吾嘗以謂文章之原，本乎天地，天地之道，陰陽剛柔而已。苟有得乎陰陽剛柔之精，皆可以為文章之美。』①

（《惜抱軒文集》卷四《海愚詩鈔序》）

又說

『鼐聞天地之道，陰陽剛柔而已。文者，天地之精英，而陰陽剛柔之發也。惟聖人之言，統二氣之會而弗偏，然而《易》、《詩》、《書》、《論語》所載，亦間有可以剛柔分矣。』

以及

『且夫陰陽剛柔，其本二端，造物者糅而氣有多寡進絀，則品次億萬，以至于不可窮，萬物生焉。』

姚鼐認爲『陰陽剛柔』就是文章文及審美的至高及基本的原素與條件。而且陰陽剛柔本來是兩種氣，經過造物者『糅之』，氣會產生多寡進絀的四種現象，就會有億萬種品次等級出現，甚至會到無止境的不可數之何其多的品次等級出現，由此而萬物生化出來了。

姚鼐說：他自己聽說：天地之道氣就是陰陽剛柔二種氣而已。而文章是天地之氣的精華，也是陰陽剛柔兩種氣之抒發。只有聖人的文章可以統一陰陽剛柔二氣而不會偏。就算是《易經》、《詩經》、《書經》、《論語》上所說的話，亦會其中有剛柔之分的。

姚鼐把文章的品級審美觀，及內容強弱，或文類型皆以陰陽剛柔二種方法來分類。這種審美的分類法是古時早就有的，並不是姚鼐自己發明的。此觀念生發之早，可能在《易經》成書之前就以具在了。到了《易經》成書時，其作者將此觀念引發、記述，並藉由此觀念告訴我們宇宙和世界萬物是如何經由『陰陽剛柔』的運動產生變化而誕生的。並且告訴我們：『宇宙萬物是不斷在變化的。』

《易經》崇尚的是『陰陽合德，而剛柔有體』的剛柔並濟的最高層次。陰陽是二元相遇、剛柔也是二元相遇，並且相互有了接觸，經過對立、鬥爭而化合爲同一種力量，達到相互平衡，也才能產生力量，也才能達到剛柔兼濟之美用。

《繫辭傳》中說：

『是故剛柔相摩，八卦相盪。』

『剛柔相推，變在其中矣。』

在中國的美感中，是由『一陰一陽之爲道』（《繫辭傳》）所產生的。『道』就是陰陽、剛柔經由對立、統一，又相互滲透、融合，一會兒分裂，一會兒又融合而產生的。因此，中國的美感及美學會分爲『陽剛之美』與『陰柔之美』，有些學者稱爲『壯美』和『優美』。並將這兩種『美的基本型態』，作爲藝術意象、藝術典型，或藝術風格的類型。

接著又有學者主張將這種『陽剛之美』及『陰柔之美』可以『偏勝』，但不可『偏廢』。

如姚鼐在『復魯絜非書』中說：

『自諸子以降，其為文无弗有偏者。其得於陽與剛之美者，則其文如霆，如電，如長風之出谷，如崇山峻崖，如決大川，如奔騏驥；其光也，如朝日，如火，如金鏐鐵；其於人也，如登高視遠，如君而朝萬眾，如鼓萬勇士而戰之。

其得於陰柔之美者，則其文如升初日，如清風、如雲，如霞。如煙，如幽林曲澗，如淪，如漾，如珠玉之輝，如鴻鵠之鳴而入寥廓；其于人也，謬乎其如嘆，邈乎其如有思，暖乎其如喜，愀乎其如悲。觀其文，諷其音，則為文者之性情形狀舉以殊焉。……夫文之多變，亦若是已。糅而偏勝可也，偏勝之極，一有一絕無，與夫剛不足為剛，柔不道為柔者，皆不可以言文。』

姚鼐並在『海愚詩鈔序』中言明：

『陰陽剛柔並行而不容偏廢，有其一端而絕亡其一，剛者至於僨強而拂戾，柔者至於頹廢而暗幽，則必無與於文者矣。然古君子稱為文章之至，雖兼具二者之用，亦不能無所偏優於其間，其故何哉？天地之道，協合以為體，而時發奇出以為用者，理固然也。』

姚鼐認爲，從古至今要作好文章，都是要以陰陽剛柔之美，二者並用兼具，才能做得好，成爲天地之文章。天地之文章，就是要以合協（合諧）、流暢爲主體行文之體言。而以驚世論點爲言詞內含。經世之用，這個道理是固定的。

以上是姚鼐以文章、文學的內含精華爲解釋『剛柔兼濟』的重要性。

繪畫藝術的剛柔並濟

另外，從繪畫的品類來講，**南齊謝赫所主張的畫有六法**：一、氣韻生動。二、骨法用筆。三、應物象形。四、隨類賦彩。五、經營位置。六、傳移模寫等，皆與剛柔兼濟有關。

到了宋朝時期劉道醇作『宋朝名畫評』②，更舉出『**明六要**』、『**審六長**』之法來評鑑畫的好壞。**所謂六要**：『氣韻兼力一也，格制俱老二也，變異合理三也，彩繪有澤四也，去來自然五也，師學捨短六也。』**所謂六長**：『一、是麤鹵求筆；二、僻澀求才，三、細巧求力，四、狂怪求理，五、無墨求染，六、平畫求長。』

其實，我們可以看到，劉道醇的『六要』，其實已包括了謝赫的『六法』，並解釋了『六法』的內含。例如『氣韻兼力』就要剛柔兼施而有力，以達到氣韻生動之法。而『格制俱老』也是要用剛與柔之法來用筆以展現骨法。三、『變異合理』更是要用剛與柔相互交錯運用來展現『應物形象』。『四、彩繪有澤』也說明『隨類賦彩』時，要用暗晦襯托出明亮，陰暗是柔，明亮是剛，因此『彩繪有澤』與『隨類賦彩』皆是用光線的明暗剛柔兼濟之理來製作的。『五、去來自然』是用陰陽剛柔之法來經營位置的，也就是譬如山水畫中的『三遠法』之高遠、深遠、平遠。畫法亦以濃淡分先後、樹近則濃，遠則較淡。日影照到處則明亮，反之則晦暗，因此可分早晚出遊而觀之山水。『六、師學捨短』是用剛與柔並用之想像力、意志力將要畫的景物形象做剪裁、取捨，運用構圖，然後再畫出來。這也是『六法』中之『傳移模寫』，先觀照景物再將景物由筆墨，轉出畫到畫紙上。因此在這個過程中，眼睛所觀之景物有剛柔之意。人受景物感動之想像力與意志力也有剛柔的產生，轉化至紙上，也會畫出剛柔皆有（兼濟）之繪畫內容。

從『六長』之中，我們也可看到『剛柔兼濟』意涵。

例如一是**『麤鹵求筆』**，麤，同粗，此句意指筆勢粗魯，象陽剛之筆調。在山水畫或寫意畫中，用筆粗曠多是用濃墨、重墨爲之，或是線條粗莽隨意，但粗曠及粗線條必有相對之陰柔或淡及細小、平滑與之襯托對比而才產生的感覺，故有『粗鹵用筆』之時，已有了『剛柔兼濟』之意義了。

二是『僻澀求才』。『僻』是偏僻。『澀』是閉塞也。『僻澀』指偏僻閉塞之處，無法與外界相通。『才』是通也。『僻澀求才』之意是在山水畫中，通常是山巒峰柱爲畫之主位，以小山崗、平嶺、小山居客位，這是山水畫中之規定法則。但一定要有山道使此山巒與崗嶺相通。因此在層巒環抱之時，要有清溪或山道掩映山脈或水脈。或有**『飛磴盤空曲折，以達幽邃者』**③。因此『明』裡有山巒崗嶺起伏爲『陽剛』，『暗』裡有幽徑或溪流通幽，剛柔之間，互爲表裡，亦是剛柔並濟之法了。

三是『細巧求力』，細小巧靈之物原是屬陰柔之作。『力』是陽剛之力。『細巧求力』就是要用細巧之法而行陽剛之大用。故也是『剛柔兼濟』之美。

四是『狂怪求理』，狂、怪皆不善之物。不善之物代表陰，亦爲柔。『求理』是求得統一整齊，及求得正理。『乾』有十四象，其中就有爲直、爲言、爲德、爲王、爲好。因此正理應爲『乾卦』，有陽剛之氣，『坤』有十二象，其中就有爲迷、爲亂、爲事、爲臣、爲虛、爲喪、爲害，爲死、爲晦。因此『狂怪』應爲『坤卦』有陰柔之氣。故而『狂怪求理』可引伸至由柔至剛，相互變化，以達到剛柔並濟的結果。

五是『無墨求染』，在山水畫中，『無墨』並非全無墨色。而是以淡墨、水多墨少之方法，用薰染的方式來畫山水間之煙光雲影。使之變幻無常，若隱若現，或虛或實，虛虛實實，使之『冥冥中有氣，窈窈中有神』③。無筆氣，無墨神。清朝布顏圖在其所撰『畫學心法問答』中有云：『山水畫學能入神妙者，只此一法，最爲上上。』這種『無墨求染』用虛實來畫畫的方法，也是剛柔兼濟之法。

六是『平畫求長』，就是在平遠或平淡的畫中要有重點描寫，分出主客之分，

了。

不但文章、繪畫有『剛柔兼濟』之用，就連音樂亦有『剛柔兼濟』之美。例如：《樂記．樂言》中說：

『夫民有血氣心知之性，而無喜怒哀樂之常，應感起物而動，然後心術形焉。』

《樂記．樂本》中說：

『樂者，音之所由生也，其本在人心之感於物也，是故其哀心感者，其聲噍以殺；其樂心感者，其聲嘽以緩；其喜心感者，其聲發以散；其怒心感者，其聲粗以厲；其敬心感者，其聲直以廉；其愛心感者，其聲和以柔；六者非性也，感於物而後動。』

這兩段話說明人之『性』與『情』是由人之感情變化而趨動的。聲音會趨動人使人受感動而心生變化，而聲音也會由於人內心的感動而有發聲粗啞或柔緩之類的變化。這是人受到感動之後，才由自己的聲音而產生剛柔兼濟的美聲的。

『剛柔兼濟』這個美學命題，是經由《周易》剛柔相摩、剛柔相推的觀念出來的。最後成為中國美學的主流意識。這是和西方美學不同的。西方美學注重崇高（Sublime）和美。崇高是沖破感性，或壓到感性，具有理性的內容。而美是講求形式和內容會有和諧和統一的形態的。因此西方的崇高和美是對立的形式。中國的美學自古以來，即有陽剛的理性，也有柔美的感性，而這兩種具有理性的陽剛之美，以及具有感情的陰柔之美，雖有時會偏重那一方，但並不激烈的對應。有時更會相互融合及滲透。或是有一部份滲透及融合，一部份仍保留原來性質的剛強或柔美，如此，更能突顯出或加強陽剛之美或陰柔之美的特性。因此中國的藝術品物會更表現出外表陽剛，但亦具有內在韻味。或是外表柔美，但亦含有內在風骨的豐富氣韻出來。這也可以說是『剛柔兼濟』之美學觀念早已深植於中國人的腦海觀念之中了。

①《惜抱軒文集》卷四《海愚詩鈔序》

②《宋朝名畫評》，宋劉道醇著，《中國畫論類編》俞崑編著，台北華正書局，七十三年十月版。

③清布顏圖所撰『畫學心法問答』。《中國畫論類編》上，第一九二頁，愈崑編著，台北華正書局，七十三年十月版。

第八章　《易經》中『謙謙君子』的美學

《易經》是代表周人文化的一本書，在殷末周初時形成。當時，『周』原是殷商帝國的附屬小邦，在殷王武乙三十五年，周王季歷代殷伐西落鬼戎，這在古本的《竹書紀年》中有記載。在《易經》中未濟卦的九四爻辭中也有提及：『震用伐鬼方，三年有賞于大國。』

周人季歷伐鬼方之後，勢力漸大，並與東方部族通婚。至文王時，已成爲『三分天下有其二』之大諸侯國的地位了。最後武王伐紂在牧野之戰滅了商殷。殷紂王後期荒淫無道，人心乖離，使周士兵長驅直入，未有抵抗。周人也寬待殷王之子武庚，使他『守商祀』，未殺他。

周人統治代替了殷商之後，開始用天命觀去改造殷人的至上神崇拜，使他們從神治走向人治的時代。周人的上帝是有理性、有聰明判斷力的天神，極希望臣民信徒皆是**『皇天無親，惟德是輔』**（《尚書．蔡仲之命》）的好臣民。

周代人再用宗法關係把王權和宗族緊密結合在一起。《詩經》『大雅．板』曰：『大宗維翰，懷德維寧，宗子維城。』表現了對大宗和宗子的推崇與尊敬，並且展開孝順觀念的教化。『制禮作樂』就是周代文化的特色，隨之『文質彬彬』的人格形象也逐漸建立。周人的文化不但是飲食、起居、服飾、社交，各種禮儀、吟詩、賦誦，或是在青銅禮器上之紋飾，都已變化改變成典雅規矩的風範。這是以表現出周人尙文崇實的精神寫照。

從『人格美』的角度來講，『君子』是道德與功業、能力值得百姓崇拜之偶像。因此《易經》中卦辭爻辭也會如當時代表詩歌文學的《詩經》內容一樣，用意深遠的、又具有詩情畫意的意象，來闡發出人生哲理的、辯證陰陽剛柔二元法則的辯證理論出來。更同時，也表現出尊『君子』以為人格美的至高表率。

基本上，周人以『君子』尊稱所謂的『有德』之人的人有五、六種之多，例如稱『君王』為君子，稱『貴族．士大夫』為君子，也有稱美男子為『君子』，亦有妻子稱其夫為君子，或是女子談愛情時稱情人為『君子』。也會稱『有德』的讀書人為君子。

『乾卦』的君子

在《易經》『乾卦』，九三爻辭：

『君子終日乾乾，夕惕若，厲无咎。』

此處的『君子』表象是以讀書人、士大夫為主，也包括了君主、貴族或有能力的人，以周朝的階級制度來看，能讀書識字的人，也必然為士大夫或階級高的人。因此能每日學習行事不休息、時時刻刻警惕自己深怕有危難之事發生。能有此智慧者自然是學識、智慧皆有，而深謀遠慮的人，以這種人稱之為『君子』是十分恰當的。

在《象傳》中說：『天行健，君子以自強不息。』《象傳》是最早解說《易經》的傳述之一。《象傳》認爲乾卦象徵天。天的性質始終是日夜運行不息，有剛健的性質，『君子』對此強健之象，更應以發憤圖強，努力不懈。

《文言》中，子曰：『君子進德脩業。』孔子是認爲，此句爻辭中：『君子終日乾乾』，是進修自己的品德和增進功業，《文言》曰：『君子體仁足以長人』。又說：『君子行此四德者，故曰：『乾：元、亨、利、貞。』

《文言》解釋乾卦說：君子人若能體現天地之『元德』去仁愛於人，就夠資格爲君王、爲首長，或爲師。君子人要能行『仁、禮、義、事四德』，而能得眾，合眾、利眾，能行得正而事正、義正，凡能行此四德，就能合乎『元、亨、利、貞』四德了。

『謙卦』的君子

『謙卦』的卦辭是：『亨。君子有終。』

『君子有終』是說：居尊位而能謙退，居卑位而能不逾禮，君子人能終身做到，即是亨通的，能稱之爲『謙』了。

此卦辭中的『君子』，其地位可爲君主，亦可爲貴族、士大夫，或進德脩業的讀書人。

初六爻：『謙謙，君子用涉大川，吉。』

《象傳》解釋說：『「謙謙君子」，卑以自牧。』意思是說，已具有謙虛卑下言行的君子，還更加修養自己的美德，是謙而又謙，君子人用這種小心謹愼的態度才渡過險難，會是吉利的。

此爻辭所稱之『君子』，可爲士大夫、讀書人，也可爲君主。

九三爻辭：『勞謙，君子有終，吉。』

《象傳》解釋說：『勞謙君子，萬民服也。』

此爻辭是說：有功勞還能謙虛，因此萬民歸服。可見此處『君子』指的是統治階級的君主，或貴族、士大夫。

《詩經》中的『君子』

在《詩經．曹風．鳲鳩》中：『淑人君子，其儀不貳，其儀不貳，正是四國。』

在《小雅．瞻彼洛矣》中：『君子萬年，保其家邦。』

由此可知，『君子』之稱謂爲具有權力、地位，層級高尙的男子之美稱。

在《詩經》中有一些具有羅曼蒂克的『君子』稱謂，例如妻子思念丈夫的好與希望他回來。

『言念君子，溫如其玉。』（《秦風．小戎》）、

『振振君子，歸哉歸哉。』（《召南．殷其雷》）

同時，在愛人之間，女呼男也稱『君子』，如：

『君子陽陽，在執簧，右招我由房，其樂只且。』（《王風・君子陽陽》）

但在《易經》中，『君子』的稱呼與用法大多是正面的。如君主、貴族士大夫及有德之人之稱謂。因為《易經》的內容與功能主要是警惕作用。雖用了一些歷史的故事作為例子及表達將要展現的警告詞句。其內容意義上是比較嚴謹，毫無褻黷或遊戲之辭。《易經》和《詩經》不同的是：《易經》是明理、講理，而且具有辯證法則的一本書。《詩經》的內容許多是言情的詩歌，是故自然所談的對象不一樣了。但可以明瞭的是當時周人已習慣用『君子』的美稱來稱呼有德之人或地位高的人。

君子比德如玉

在《禮記・聘義》中有：

『君子比德于玉焉．溫潤而澤，仁也！縝密以栗，知也；廉而不劌，義也；垂之如墜，禮也。叩之其聲清越以長，其終詘然，樂也；瑕不掩瑜，瑜不掩瑕，忠也。……』

許慎《說文》中解釋『玉』：

『玉，石之美有五德者。潤澤以溫，仁之方也；䚡理自外，可以知中，義之方也；其聲舒揚，專以遠聞，智之方也；不撓而折，勇之方也；銳廉不忮，潔之方也。』

周代人認爲『君子』要有如美玉一般的德行，要『溫仁知義』。也要智、勇、廉潔。在周代製玉工藝十分發達及講究，玉琮、玉環、玉珮、玉璋等多半爲貴重的物品，且爲權力、地位之象徵。周人對『玉』甚爲偏愛，《禮記．玉藻》中記載：『古之君子必配玉。』因爲君子珮玉在行動間會因搖動而發出悅耳的聲音，再與君子人的舉手投足相互配合，就能形成一種優美的風範。

《禮記．玉藻篇》也談到了這段君子走路的禮儀及行動間，玉音帶來和諧感的經過：

『趨以《采齊》，行以《肆夏》，周還中規，折還中矩，進則揖之。退則揚之，然后至鏘鳴也……君子無故，玉不去身，君子于玉比德焉。』

『采齊』和『肆夏』都是當時的曲調，表示君子人走路要有節奏感，要中規中矩，進退之間要有分寸，要使玉的鳴音有鏗鏘之聲，高昂而悅耳，這是對『君子』人的行路進退做了規範。有此嚴格的禮教規範，君子人就能像雕琢過的美玉一般，在公眾場所莊重懂禮，有骨氣但又柔和，有些威武，又有些溫和近人，面目是肅敬的，氣宇是軒昂的，心胸是寬厚的，又能風趣不落俗套。這就是人人敬仰的文質彬彬的『君子』了。

《易經》中『君子』在卦辭及爻辭出現之意義

除了前面已提過的『乾卦』與『謙卦』中的『君子』之外，其實還有十二幅的卦辭或爻辭中包含有『君子』，這些所談的『君子』，雖然論及的事件不一樣，但大多是指有德及有地位的人，包含了可能貴為君主、貴族的掌權之人。

『屯卦』：六五爻：『即鹿无虞，惟入于林中。君子幾不如舍，往吝。』

此爻意指：君子人如果能懂得一點幾微稀少的道理，就會在田獵時在無人帶路之時，太深入林中會耽心有危險而捨棄追獵動物。因為再追下去，會有災。

此處的『君子』是指一般士大夫或貴族，要常遇事要下判斷時所下之警語。

『小畜卦』上九爻：『既雨既處，尚德載。婦貞厲，月幾望，君子征凶。』

『小畜卦』是一柔畜五剛，卦義是『以小蓄大』。到了『上九爻』密雲不雨，陰陽積蓄已達到飽和點，只有保持中和平衡才能穩定。『尚德載』是積滿了。『婦貞厲』是指陰柔強盛超過時，一定會與陽剛對抗衝突，此情況下陽剛也不宜變動，此處的『君子』指的是『陽剛』，征凶，是有所疑，而不敢動。

『否卦』卦辭：『否之匪人，不利君子貞，大往小來。』

『否卦』卦體是下坤上乾（䷋）。卦義爲否塞。其義爲天地不交而萬物不通。也代表卑下的臣民與在上位的君王相互不能溝通。也象徵小人在內，君子被排斥在外，小人道長，君子道消。故此處的『君子』既代表君王，也代表有德之人或管理階級。

『觀卦』：初六爻：『童觀，小人无咎，君子吝。』

『觀卦』之意是上觀示於下，下觀視於上。初六爻之意爲『有兒童幼稚無遠見而卑下的觀點。以小人來說，這是無可厚非、沒關係的。但『君子』如果如此智拙，則是鄙吝且令人瞧不起的。

這裡所指的『君子』是指在上位的君王或主政者、貴族、士大夫等臣子。

『剝卦』：上九爻：『碩果不食，君子得輿，小人剝廬。』

『剝卦』下坤上艮（䷖）之卦象是五陰剝一陽。『君子得輿，小人剝廬』·是指上九爻一陽如君子般覆蓋下面五個陰爻，形同屋頂。而『小人』是指下面的五陰爻，如果排斥在上面的一陽，猶如自己剝毀自己的廬舍，將無處安身。意味君子人有庇佑別人的雅量，小人則頭腦不清，自取滅亡。此卦爲小人道長，君子道消之卦，此處的『君子』，代表有德之人，及權力柔弱的君王。

『遯卦』九四爻辭：『好遯，君子吉，小人否。』

『遯卦』爲退隱之卦。九四爻辭之意爲：『喜好退隱，君子人能拿得起，放得下識時務而退隱，而小人則無法做到。表示小人牽掛與貪念都多之意。此處的『君子』，代表在位、掌權者的貴族或士大夫。

『大壯卦』九三爻辭：『小人用壯，君子用罔，貞厲。羝羊觸藩，羸其角。』

『大壯卦』爲陽盛陰衰之卦，故稱『大壯』。九三爻辭之義爲：在陽剛已非當強盛之時，小人還會不智的繼續逞剛強，而君子人就不會這麼做，君子人會度勢而爲。這是要非常小心的！就像兩隻羊頭部相頂，作頂牛相爭之勢，但頭上的羊角卻很羸弱，表示羊並不壯，相爭會兩敗俱傷。此處的『君子』代表有學問、守正道的主政之人。

『明夷卦』初九爻辭：『明夷于飛，垂其翼，君子于行，三日不食。』有攸往，主人有言。』

『明夷卦』是太陽落入地中，陽光被遮蔽，猶如在黑暗之世，昏君執政，世道黑暗，行正道的有明之士，必受傷害。初九爻是講，在暗世，有明之士收斂翅膀，急速遠走，君子爲了避難急速遠走，連三日都沒吃飯。因災禍還在後面還未發生，所到之處的朋友家，主人都很不能理解的爲何有好日子不過?而有責怪之言。

此處的『君子』也是指近君之臣及掌權在位的士大夫。

『解卦』六五爻辭：『君子維有解，吉；有孚于小人。』

解卦之卦義爲緩解。六五爻之義：君子在六五爻這個『君位』位置之上，應該解除自身的柔弱性格與貪圖安樂的本性，這樣才會吉。如果小人都遠離了，就證明是解脫了。此處的君子，代表『君主』。

『夬卦』九三爻辭：『壯于頄，有凶。加子夬夬，獨行遇雨，若濡有慍，无咎。』

夬卦（䷪）為一柔在上將被五剛夬掉。亦為君子道長，小人道消之卦。九三爻辭之義為：『壯于頄』為臉上有怒氣，是不好的。君子人處於陰陽對立要做決定處決時，雖獨自與對立者接觸，外表被對方所沾污了，內心有不快懊惱，但外表仍和悅以待，只是內心與對方保持距離而已。這樣是會無災的！此處言及君子人在處於壓制並解決對立者的謀略上，雖略有受辱，但仍能識大體、明大義而完成果決之事。

『革卦』上六爻辭：『君子豹變，小人革面，征凶，居貞吉。』

『君子豹變』是指君子人受新君感化而能改變效忠新君，自新其德，有如豹子換毛一般，面目一新。『小人革面』是指小人也表面順從新君，但如果不革心，則象徵不吉。如果革命成功，百姓能接受新君統治，則主吉利。此處的『君子』是指士大夫及貴族、臣子的角色。

『未濟卦』六五辭：『貞吉，无悔。君子之光，有孚吉。』

六五爻爲君位。六五是柔君濟險，而陽剛卻來相助，全靠六五柔君的手腕應用，大家都出險了，經過此次磨練，君主之德，日新又新，更加光輝無比，君主是能得到信任的。此處的『君子』代表君王。

由以上《易經》中這些『君子』的代表意義看來，《易經》中的君子，多代表士大夫以上，包括貴族、君主等有知識、有智慧、且具有權力、地位之人。這是和孔子所泛指『君子』爲一般有道之識的讀書人是稍有不同的，同時也代表《易經》中的『君子』是負有國家安危重任的『君子』。

第九章　《易經》中本質與現象相互作用的美學

在《易經》這部書中，是透過卦體、卦辭和爻辭，把我們所處的客觀世界規格化、系統化，加以條理整齊，運用複雜的思維方式和以小喻大、以象喻理的過程製造一個具體模式，讓我們通過此模式再重新認識世界。

《易經》的理論是『天地是一陰和一陽對立著，因此會生出萬物出來。萬物也由陰陽相合而生成，陰與陽相互運動和產生變化，陰陽無所不在。如果用抽象的名詞來解釋此一現象和包含此一現象。『道』就是可以概括陰陽存在及變化作用之活動的東西。

《繫辭傳》說：『形而上者謂之道』。『形而上』是指沒有形體的東西。因此『道』是無形體的東西。

《繫辭傳》又說：『形而下者謂之器。』『形而下』是指有形體的東西，是故有形體之東西是『器』。

『形而上』與『形而下』之間的『道』、『器』關係成立後，也就是客觀規律與具體事物之間的關係。換言之，也就是現象與本質之間的關係。客觀規律是『現象』。『具體事物』是『本質』。『現象』不能脫離具體事物而存在。具體事物也無法不受現象支配。二者互相依存，本質也無法脫離現象而獨立存在。

抽象的『道』的規律性，在很多事物中出現及循環。『道』會在很多事物的形象中展現變化，『道』也是陰陽變化，因此『道』與『器』不可分，陰與陽也不可分，本質與現象也不可分開了。

《繫辭傳》說：『一陰一陽謂之道，繼之者善也，成之者性也。』

『道』是一種規律，一種現象，又普遍存在於我們的客觀世界之中。其內涵是時而對立、時而統一。實際上，本質和現象也是時常處於如此的狀態之中，《繫辭傳》說：『**象事知器，占事知來。**』由現象的徵兆就可知道具體事物本質，預測現象就可知道未來之事了。我們由《易經》的『睽卦』來看事物的本質面和現象面。

『**睽卦之睽**』**為乖異**，卦義爲對立。睽卦：下兌上離（䷥），上面是以向上炎燒，下面是兌爲澤，是水潤下的性質，因此運動變化會愈分離，有矛盾對立的景像。

《彖傳》曰：

『天地睽，而其事同也。男女睽，而其志通也。萬物睽，而其事類也。睽之時用，大矣哉！』

天地一上一下是乖違對立的，萬事萬物也會相同一樣，有此對立之時，但也會其氣相通，男與女形貌、體質都不一樣，但感情會互通而結爲夫妻。天地間萬物都會有陰陽兩性差異，但還是會有與天地相類似的相通之道。因此可證明睽的對立在一定的時間上有大作用。此意義是非常之大的！

若將睽卦用替代法來言之，現象與本質，也會像天地間相互對立，但會有相通之道，亦會在某些特定時間上相互轉化，而形成另一有用之物。

當本質與現象相互變化、不平衡時

乾之象在《說卦傳》曰：『乾爲天，爲圜、爲君、爲父……』《九家易》曰：『乾又爲龍、爲衣，爲言。』《虞氏易》爲有德、爲王……爲盈、爲中……』綜合言之，乾代表『道』是現象。而坤之象在《虞氏易》中爲理、爲事、爲器、爲虛……等，表示坤代表『本質』。乾爲陽、坤爲陰，因此『陽』能代表『現象』，陰能代表『本質』。

現在我們看『大過卦』

『大過卦』下巽上兌（䷛）是陽大、陰小，陽剛超過了陰柔。《象傳》：『澤滅木，大過。』爲澤水淹過了木舟，舟沈沒下水中，人因此會滅亡。《雜卦傳》曰：『大過，顛也。』大過卦是顛覆了原來的規律，是現象顛覆了，自然本質也會改變。『大過卦』又是危難之卦，當危難發生時，必要有涵養深厚、能力又強的人才能擔任度過難關之重任。因此《序卦傳》說：

『不養則不可動，故受之以大過。』但性格過剛之人（如表象）會矯枉過正，又未必能變通。但另一方面沒有剛德之能力的人也不足以矯枉，可是過正又會陷入另一方的極端危險之中，而無法解脫。這就是《序卦傳》所說的：『物不可以終過，故受之以坎。坎者，陷也。』此指凡事都不可一直偏向太超過之處。指太偏向現象，或太偏本質皆不好，都會陷入極端的危險之中。

直接言及本質與現象的『賁卦』

賁卦，下離上艮（䷕），《雜卦傳》曰：『賁，無色也。』《序卦傳》：『賁者，飾也。』無色爲素質，指內在本質。飾爲文飾，多加於外在，代表外在的現象。賁卦就是講內在本質與外在現象的關係的一幅卦。而這種關係又是透過陰陽剛柔二元相互之間，你來文飾我，我也來文飾你，而相互文飾而形成的。

《彖傳》曰：『賁「亨」，柔來而文剛，故「亨」。分剛上而文柔，故「小利有攸往」。』

《彖傳》的解釋更好了，內在本質、素質會『亨』，是陰柔來文飾陽剛，故「亨」。這個『柔來文剛』是指賁卦下體之離卦（☲），是二剛在外，一柔在內，二剛爲爲質，一柔爲文，這是柔來文剛。

『分剛上而文柔』是指賁卦上體的艮（☶）體，有二柔一剛，以二柔爲質，以一剛爲文，從外表現象觀之爲剛強，但內含本質卻弱。因此說：『小利有攸往』。只這種外強中弱的方式是只有小用，不會有大用的。

> 《序卦傳》說：『物不可苟合而已，故受之以賁。賁者，飾也。』

賁卦是噬嗑卦之反卦。由噬嗑（䷔）變成賁（䷕），其中只有三爻和四爻互變而成。這種剛柔交錯，是自然的文飾，由噬嗑變爲賁，引伸之義爲人相互交往相合時，必會文飾。蘇軾曾解釋道：『直情而行謂之苟，禮以飾謂之賁。』無論君臣、父子、夫婦、朋友，只要相合首先會相互送禮。到了陰虛陽實的時候，虛爲文，陽爲質，到了文飾太過，卦象就會顯現出文勝質時，就會變成剝卦了。剝爲剝削、剝盡、爛也。這也是孔子所說的：『**質勝文則野。**』**文勝質則史。文質彬彬，然後君子。**』雖然文飾是亨通美麗的，但文飾太多，太超過則喪失其本質。也多浮華不實之事，也會產生浮濫、敗壞。本質太樸素，而少文飾，則會粗野無文化，或不好者，因此要文與質皆保持平衡，就會有教化，而受人尊敬了。

第十章　《易經》中戰爭的美學

在《易經》中有許多卦辭或爻辭，提到過行師作戰的。有的是講興師出征的軍旅之事，如『師卦』。有的是講如何使人同心協力，實行大同不私之道，但仍會興師相剋，而大同世界不易實行，這是『同人卦』。亦有順應事理變化而建候封國行師作戰的『豫卦』。更有談及迷迷糊糊、不瞭解情勢而行師作戰，終有大敗的『復卦』上六爻。這其中道理雖簡單，但涵意非常大。這也是以小喻大，以古鑑今的最好範例。

『師卦』（下坎上坤）（䷆），師卦卦義是興師動眾去出征。首先出師要有名，名不正則言不順，故要言順，則國人上下一心，軍隊上下一心，同心同德才能獲勝，去征不服，如此才能成就王業。

『師：貞，丈人吉，无咎。』

『師卦』的卦辭爲『貞』，《彖傳》解釋爲正也。解釋『師』爲眾也。因此是興師動眾要出征，但百姓信服，故相信此場戰爭爲正確之戰，故無咎。

初六爻：『師出以律，否臧凶。』

初六爻是一卦之始，剛開始出征，以軍樂節制軍隊的進退及鼓舞士氣，就做得不好，故《象傳》說：『「師出以律」，失律「凶」也。』

九二爻：『在師中，吉無咎，王三錫命。』

九二爻爲剛中之爻，代表主帥。『在師中』，古時軍隊作三軍，以主師在中軍。《象傳》曰：『「在師中吉」，承天寵也。「王三錫命」，懷萬邦也。』

此爻辭是說：主帥統兵作戰而勝利，非常吉，君王三次賜命嘉獎他，以表揚他威服萬邦的功勞，也表現出主帥受王恩寵之盛。

六三爻：『師或輿尸，凶。

此爻講，如果出師不利，軍隊打了敗仗，用大車載著屍體回來，則大凶。指六三爻非將才，不可統領大軍。

六四爻：『師左次，無咎。』

此爻辭是說，『如果一支偏師部隊，不是中軍主力的部隊，停留駐紮在某個無危險的地方沒動，也沒戰鬥，也沒損失，這是統將太懦弱不敢冒險的關係，因此無功而返，這是不算有過失的。因爲至少先保持了實力。

六五爻：『田有禽，利執言，无咎。長子帥帥，弟子輿尸，貞凶。』

當有戰事時，有如惡禽毀壞田莊，應行正道而除害。古時君主常以長子爲主帥代替親征統領中軍作戰。因爲無將才。指六三爻與六四爻皆柔弱無才能，如果用之爲將出征，一定會戰敗用大車載屍而歸，這是凶兆，不吉的。

上六：『大君有命，開國承家，小人勿用。』

上六爻爲師卦之終爻，表示行師以畢，得勝回來了。大君是國君，國君下命令封大功者爲諸侯，封有小功者爲大夫而承繼有家。只有『小人』不能任用，否則會作亂家邦成爲大害。

師卦藉用六個爻之爻辭，把古時用兵打仗的謀略陳述得十分有系統，在戰爭之初，先要名正言順爲正義之師。剛開始作戰，振奮人心及軍樂的節奏、號令的統一都是要注意的。九二爻是主帥有軍功，君王必須常加以獎勵、施寵。六三爻是弱將逞剛強，會打敗戰，輕敵冒進是大忌。六四爻是弱將無戰也無功，但無過。六五爻是打仗不離父子兵，還是君王的長子做主將較好。上六爻爲戰爭勝利後行賞，論功分封。但仍囑咐小人勿用，害怕以毀家邦。這是古時行軍作戰的教戰手冊。

另一種作戰方式是在安樂時作戰，這是『豫卦』的方式

『豫卦』：利建候行師。』

豫卦之卦辭是：相合於客觀的情勢就能行師作戰，以建候。豫卦的時義爲安樂。

『初六：鳴豫，凶。』

初六爻自身不樂，而配合他人而樂，以致嘻笑有聲，故曰鳴豫，主凶。

『六二：介于右，不終日，貞吉。』

六二爻內心堅定如疆界之石不動搖，在事情未變化之前就知道福禍相倚，於是行中之道而都吉。

『六三：盱豫，悔，遲有悔。』

六三爻爲小人對主人或上君佞媚附勢爲樂，不知憂也不知過，一定會錯上有

錯。

『九四：由豫，大有得，勿疑朋盍簪。』

九四爻所處之位置是處豫得豫，雖有恐懼，但仍享安樂，大有得而自樂。

『六五：貞疾，恆不死。』

六五爻本身常年有病，但還不會死，如同生於憂患一樣。

『上六：冥豫，成有渝，无咎。』

上六爻在豫卦之終，是安於安樂而不知努力，如此會轉化爲反面去了。豫卦的戰爭應該是自己與自己作戰。因爲人都會安於安樂，但安樂會殆惰，以致爲凶。初爻時，以自己之安樂來自鳴得意，稱爲『鳴豫』，主凶。

六二爻時守中道而不豫，則吉。這是戰勝自己成功。六三爻以附勢媚上來得豫，也會有災悔。九四爻能安樂自得，但是在恐懼中的安樂。

六五爻也是身有疾，雖未死，但不安樂。上六爻，沈溺於安樂，但變化很快，雖無咎，但憂患仍將來臨。

不瞭解形勢的戰爭，結果大凶

復卦上六爻：『迷復，凶，有災眚。用行師，終有大敗，以其國君凶，至於十年不克征。』

此爻辭是指：首先自己迷惘無知，不知時間形勢上的變化是不吉的，又有天災人禍發生。在這種情況下，還要行師去打仗，終於大敗，禍及國君，以致於十年都無能力去做征伐別人之事。可見受災嚴重，沒有國力。歷史上有許多天災人禍都導致國家的滅亡或生物的滅絕。此復卦就是提醒君王，有天災人禍時，不可無知而自取滅亡。

用與人和同，世界大同之法來興師作戰

同人卦表面是與人和同，欲與人相親而心同志同。

首先同人卦辭是：

『同人于野，亨。利涉大川。利君子貞。』

同人卦辭之義是在野外遼濶之地，遇到人則相親求和同，物以類聚，這是好的，可以一起歷險能克服，對君子人來說也很好。

『初九：同人于門，无咎。』

初九爻是指剛出門就有人來和同，沒什麼不好的。

『六二：同人于宗，吝。』

六二爻指與眾人和同，即是大同，就無法顧及陰陽相合之道。六二爻本應和九五爻相應，故此道爲吝。

『九三：伏戎于莽，升其高陵，三歲不興。』

九三爻是性剛又莽撞的，無法和別人和同時，就想突擊別人，便有伏兵躲在林莽之間不顯露出來，但等了三年也沒採取行動。

九四爻：『乘其墉，弗克攻，吉。』

九四爻自省時勢之後，雖在城牆之上，但沒有攻城，是吉的。

『九五：同人，先號咷而後笑，大師克，相遇。』

九五爻相與人和同，開始不能與人相遇，故號咷大哭，後與人相遇而破涕爲笑。最後是因興師征戰克服戰勝對方而相遇。

『上九：同人于郊，无悔。』

上九爻在郊外與人求同和，但始終未得同和，無災禍。

同人卦是欲用世界大同的理想來征服別人。在初九爻時，在自己家門外，與街坊隣居來和同，還很好。六二爻時，擴大範圍和鄉野眾人或同宗親的人來和同，就不見得順利了。到了九三爻時，就埋伏兵，設謀略，來想征服別人與自己和同，九四爻是已站在城牆上，但仍忍住不攻打。九五爻時，用先號咷後笑裝腔作勢之法，再以大軍相遇戰勝對方，用武力與對方和同。

同人卦之卦義和內容，一直是要與人和同、不相爭，但諷刺的是，最後仍以武力戰爭壓倒對方，而求和同。因此這和現今界局勢也有雷同，聯合國常以武力介入別的國家，號稱聯合國維安部隊，但事實上與人合同都是用武力達成的。這是有『同人』之實，卻無『同人』之義。同時這也是另類的國家戰爭。

第十一章　《易經》中賦、比、興的詩歌美學

賦、比、興原是《詩經》中的藝術表現。《周禮．春官》有『教六詩』：『大師掌六律六同……教六詩，曰風，曰賦，曰比，曰興，曰雅，曰頌。』《毛詩序》：『詩有六義。』『故詩有六義焉，一曰風，二曰賦，三曰比，四曰興，五曰雅，六曰頌。』

宋朝朱熹對『賦、比、興』的解釋是：

『賦者，敷陳其事而直言之者也。

比者，以彼物比此物也。

興者，先言他物以引起所咏之詞也。』

其中比和興對於《詩經》中言志或抒情的描十分有特色。既委婉，又不失形象之美。『賦』是對事物直接敘述表達。通常『賦體』的詩歌較清楚的體現。而『比體』及『興體』的詩歌二者較有相間雜，或有模糊地帶。

《詩歌》以四言爲主，用整齊、和諧的形式，有規律的精心設計將詩歌、聲韵、篇章組織架構在有秩序規範的詩體中。這些詩歌有一定的節奏感，揚抑頓挫，形成極美的聲韵格調。

例如《小雅．采薇》

『昔我往矣，楊柳依依；令我來思，雨雪霏霏。行道遲遲，載渴載饑。我心傷悲，莫知我哀。』

此首『采薇』是一首戌邊詩，主人翁回想自己離開時，正是楊柳依依的美好日子。如今歸來卻是雨雪霏霏，行道艱難，心境冷颼颼，又饑又渴，難以形容內心的悲哀，歸鄉之路竟是如此的令人神傷。

《小雅．鶴鳴》

『鶴鳴于九皋，聲聞于天。魚在于渚，或潛在淵。樂彼之園，爰有樹檀，其下維穀。它山之石，可以攻玉。』

『鳴鶴』是講招賢納士的方式，景像鮮明。鶴是清麗脫俗的鳥，鶴鳴時其聲響徹於天外，比喻君子有才學，如同鶴聲聞九天。魚游於水中，或潛游深淵之底，園中有樹，檀是做車的木料，物件各有用處，別的山上的石頭，也能攻治美玉。可見可人盡其才。此詩正是『比體』。用鶴、魚、樹檀、維穀，它山之石來比擬。而『樂彼之園』的『樂』字把招賢納士的好環境點出，全詩才有了好意境。

在《易經》爻辭中也多有賦、比、興體出現。

易經中用興體的詩歌形態

例如《明夷卦》：

『初九爻辭：『明夷于飛，垂其翼；君子于行，三日不食。』

又例如：《**中孚**》

九二爻：『鳴鶴在陰，其子和之；我有好爵，吾與爾靡之。』

此二句詩體皆爲興體，並以鳥類引起所咏嘆之物。但氣氛卻不一樣，『明夷卦』初九爻是垂翼落荒而逃，又三日未食，饑餓可憐之態。『中孚』九二爻則是家庭和樂，且有好酒好食，願與人分之的意象。

又如《**離卦**》

九三爻：『日昃之離，不鼓缶而歌，則大耋之嗟。』

此爻詩也爲興體，以太陽過午偏西，彷佛是不敲缶而歌詠之八十歲老人有年華將逝的傷感。

又如**《鼎卦》**

初六：鼎顛趾，利出否，得妾以其子。

九二爻：鼎有實，我仇有疾，不我能即。

九三爻：鼎耳革，其行塞，雉膏不食，方雨虧悔。

九四爻：鼎折足，覆公餗，其形渥。

『鼎卦』中這幾個爻辭都是興體的詩㕣。初六爻是說：鼎的足趾是鼎的開始，會在煮物前先刷洗鼎，把鼎中之不潔之物先倒掉，把不利變爲有利，就像做妾的人以子得貴，而一切變有利了。由鼎起興談到妾之子。

九二爻是說，鼎腹內有食物，代表人有真才實學，故不能與低者相比，怕會被埋沒。如果能向上爬，就才算吉。此以鼎起興，談到人才上進之事。

九三爻是說，鼎中有實物，但屋子蓋得很嚴密，連鼎內的雞肉雞湯都無法拿出食用。暗喻懷才不遇之人。此以鼎起興，談到有才學但不遇之人。

九四爻是說，鼎足折斷，把鼎弄翻了，美饌瀉了一地，立即汗流夾背，面紅耳赤，無容身之地。此以鼎起興，言及翻鼎之災。

在易經中用比體的詩歌形態

例如：《**歸妹**》卦

六五爻：帝乙歸妹，其君之袂，不如其娣之袂良。月幾望，吉。』

上六爻：女承筐无實，士刲羊无血，无攸利。』

六五爻是說：帝乙為殷紂王之父，當時貴為天子時，嫁女兒給殷臣屬的周文王為妻，是屈尊下嫁，其所穿之衣服袖飾之美還不及陪嫁者娣的衣袖華麗，表示帝乙之女很節儉，有美德。此爻以袂相比。

上六爻是說：新婚妻子去祭宗廟，筐中無祭品，丈夫宰羊，也無血做祭品，由如女子柔弱不能生育。娶妻無用，無利可言。此爻以筐無實和羊無血相比。

又例如：**《大過卦》**

『九二爻：枯楊生稊，老夫得其女妻。』

『九五爻：枯楊生華，老婦得其士夫。』

九二爻是說：枯楊發芽，老夫娶少女。

九五爻是說：枯楊開花了，老婦嫁少男。

此二爻各以老夫，少女相比及老婦、少男來相比。

在易經中用賦體的詩歌形態

例如：**《井卦》**

井卦辭『改邑不改井，无喪无得，往來井井。汔至，亦未繘井，羸其瓶，凶。』

此卦辭是說：古時一邑三十家的村落能搬遷，但井卻不能搬。井是以不動守靜而能致通。也能取之不竭，將瓦罐拴在繩上放到井中去提水，繩索不夠長，而瓦罐無法達到水面，沒提到水，跟瓦罐在井壁上打破了，是一樣凶。此卦辭是用賦體敘事。

九三爻：井渫不食，為我心惻。可用汲，王明，並受其福。

九三爻是說：井水經過整治後，變清可食用了，但井上設備不全，無法提上來食用，令我心痛可惜。過路的行人感嘆說：有明君王治理此井，一定會全都治理好，不僅讓此邑的人可食此井水，過路的人也能並受其福，此爻亦是用賦體敘事。

例如**《困卦》**

六三爻：『**困于石，據于蒺藜，入于其宮，不見其妻。**』

六三爻是說：如同大石擋在前面，又像有蒺藜帶刺的植物圍住，情況危險，回到家中，又找不到妻子，十分狼狽。此爻爲賦體敘事。

例如《屯卦》

六二爻：屯如邅如，乘馬班如。匪寇，婚媾。女子不貞，十年乃字。』

六二爻是說：走路欲進又止，不敢前進，又退回來。有如女子守貞不許嫁，等候十年才返歸常道。此爻前半段是寫求婚者眾多的樣子，來來回回，一直在談婚媾之事。此爻也是賦體敘事之詩。

《易經》中的卦辭、爻辭大部份皆用這種詩歌的形態來寫作架構，因此形象更其具有美學意象。有『意無窮』之妙。陳暌在《文則》中說：『使人詩雅，孰別爻辭。』可見這是大家共同的讚嘆吧！

第十二章 《易經》中知幾其神的美學

在《易傳》中，提及『神』的言辭十分之多。例如：

《繫辭傳》說：『陰陽不測之謂神。』

又說：『窮神知化，德之盛也。』

以及：『神以知來，知以藏往。』

『神而明之存乎其人。』

並且孔子也說：『知幾，其神乎，君子上交不諂，下交不瀆，其知幾乎。』

于曰：『知變化之道，其知神之所為乎！』

還有《繫辭傳》中：『非天下之至神，其孰能與于此。』以及『唯神也，故不疾而速，不行而至。』

在這些眾多話語的『神』之中，代表許多不同之『神』之美學。例如韓康伯注『陰陽不測之謂神』說：

『神也者，變化之極。』

《說卦》解釋『陰陽不測之謂神。』解釋得好！它說：『神也者，妙萬物而為言者也。』此指陰陽乾坤的變化，即是『神』的變化作用。

《說卦傳》又把『神』的概念，再帶出『妙』的概念出來。

『窮神知化，德之盛世。』是指鑽研事物之理到極致，就知道萬事萬物變化的道理，這就是最高的學問了。這裡的『神』是事物的精微細小的道理。

『神以知來，知以藏往。』是指在『蓍之德圓而神』之後，也就是揲蓍卜卦之後，藉用通過蓍抽象的運算過程來知道，萬物中陰陽運動變化的狀況，藉以預知未來之事。再用已知故往的爻辭來解釋未來。這裡的『神』是指蓍草而言的。

「神而明之存乎其人」是指關於陰陽變化而能明瞭它的人，在於其個人的瞭解了。此處之『神』爲指『陰陽變化。』

子曰：『知幾，其神乎。君子上交不諂，下交不瀆，其知幾乎。……』『知幾』，猶言事物變化的徵兆。此處的『神』是微妙變化。此句之意是指：要知道事物微妙的變化，其實由正派君子人對上不阿諛奉承，對下不輕慢於人，因爲他知道事物在微妙的變化之中。

子曰：『知變化之道，其知神之所為乎！』

孔子說：知道變化之道的人。也就知道『神』的作用爲何了呢！所以此處之『神』爲指陰陽變化之道。

『非天下之至神，其孰能與于此。』

焦循解釋說：『靜而動，動而靜，反復其通，故神。』故此處的『神』爲神速。

『唯神也，故不疾而速，不行而至。』

虞翻解釋此句的神：『神謂易也。』『神』指的是『易』。易爲變易，即變化迅速。此句是說，唯其變化之快，不急走而迅速，沒看到有行動就已達目的地了。

由以上的話語來看，『神』的代表意義有數種之多。一、是指陰陽變化。二、是精微細小的事物。三、指著草。四、是指微妙變化。五、是指神速、快速。『神』的意義雖然有這麼多種，但『知幾其神』之內涵還是引發了中國古典美學的重要審美標準與思想。這個美學標準與美學思想是先瞭解事物變化的徵兆，接著就能預知事物發展後的將來。這種『神』的思想概念，是屬於認識學的概念。後來莊子、在講寓言故事時，也會用到『神』這種概念。例如：

《莊子．養生主篇》講到庖丁爲文惠君解牛。庖丁釋刀對話中有一句：『……方今之時，臣以『神』遇而不以目神，官知止而『神』欲行。』此處的兩個『神』字，皆指對事物之分析力，指心神、心靈部份，這和孔子說的，先體念事情的徵兆，有異曲同功之妙，也是要講求心領神會，與技術精良而能做到的事。

莊子把『神』這個理念由哲學概念轉化到美學概念，因此對審美、美學，及對藝術界，都產生重大影響。後代一些人將『神』做爲藝術品在美學等級上一個最高評定標準。例如稱『神品』。也把『神』當作最高的、崇高的審美標準。

例如唐代張懷瓘在《書議》中形容王羲之的寫字用筆有此一說：『……**然字峻秀，類于生動，幽若深遠，煥若『神』明，以不測為量者，書之妙也。**』由此我們可看到王羲之的書法是這麼的生動、流暢，一會兒精神煥發明亮，有如神助，筆勢自由，其精神能透出字外。自然我們也領悟到了這種至高及崇高的美感了。

《說卦傳》的『神也者，妙萬物而爲言者也。』指的是世界萬物的微妙變化。王羲之的『煥若神明』，指的也是用筆動態的微妙變化，兩者有相近之理。因此可見『知幾其神』對後代美學的影響何其之大了。

第十三章　《易經》中學習危難渡險的美學

在《易經》中有許多卦象先在教導我們在身處危難、危險之時，應該保持的態度與應變之法。但有幾個卦是直接論及學習涉險之道理的內涵。而這三個卦是在不同狀況下度險之經歷，讓大家參考。

第二十九卦是坎卦，坎卦是上坎下坎（䷜），爲重險，是險中又有險之意。此爲『習坎』之卦。

卦辭：

『習坎：有孚維心，亨，行有尚。』

《象》曰：『習坎，重險也。』

坎卦處於兩重險之中，唯有重複多學習游泳，雖有險而不陷溺，因此稱『習坎』。習坎時要有信心及作爲，才能出險成功。此也象徵要做君子的人，要常習道德規範，溫習禮樂詩書，日日不休止，先學習知識技能以便未來能應付危難之事。

初六爻：『習坎，入于坎，窞，凶。』

此爻是說：初六爻身體很柔弱，還沒等到學會游泳就先下水要泅過大河，結果一入水，就沈到水底，主凶。

九二爻：坎有險，求小得。

此爻是說：九二爻仍陷於坎險中，還未出險未得亨通，只有小得而已。

六三爻：來之坎坎，險且枕入坎窞，勿用。

《象》曰：『來之坎坎，終无功也。』

六三爻處於下卦終了之卦，上面仍有一坎未渡過，如此是渡過一險又有一險。六三爻沒下水去游泳，因此能自保，既無功也沒招禍，因此不言凶。

六四爻：樽酒簋貳用缶，納約自牖，終無咎。

《象》曰：『樽酒簋貳，剛柔際也。』

此六四爻是說：用陶製的瓦罐代替樽簋去裝酒食，用這些簡約的祭品敬鬼神，並且還是從窗戶送進室中的，非常簡樸，仍無災過。六四爻是陰爻，代表女性，古時女子行祭神之禮，不能走門，只能由窗戶送進祭品，此爻意指以己柔弱之體處於險陷之時，難以自立，應依靠陽剛，使自己在險中而安。

九五：『坎不盈，祗既平，无咎。』

此爻是說九五爻學會游泳了，而在水面上，只是保持平衡，未沈下去而已，仍未脫離險難。

上六：係用徽纆，寘於叢棘，三歲不得，凶。

此爻是說：上六爻設險阻止九五出險，致使九五爻雖居中位，但無法大有作為。因為有了這層關係，所以上六爻被捆綁而放到有刺的叢棘之中，三年都不吉，凶了三年。

坎卦是卦義取象爲陰陷陽，卦時爲險陷。此卦爲論如何處險。

凡是陰與陽皆有險陷之事，而陽性剛，較有決心，處險能出險，。而陰柔性猶豫，沒有決心，較難出險。

坎卦全卦無一吉辭，能出險即是吉事。而坎卦六爻皆未出險，由此可見出險濟險是十分困難之事，因此應該用心來研究出險之道。

蹇卦（䷦）下艮上坎

蹇爲險難，下艮上坎爲『見險而能止』。亦是見險知險，而能不去冒險。

《象》曰：『蹇，難也，險在前也。見險而能止，知矣哉。』

蹇卦，是險難之卦，有險在前，見險能不入險而停止蠢動，就是智慧了！

蹇卦辭：『利西南，不利東北。利見大人，貞吉。』

蹇卦因處於蹇難時期，有險在眼前，只有行坤陰之道，柔順不相爭利，才能吉。不利東北，是指陽剛躁動，是冒險之事，主不吉。『利見大人』，爲有大德之人才能擔此見險而止的重任，這是非常吉的。

『初六：往蹇來譽。』

初六爻因爲時間條件不佳，故不前往，而等待時機再往，再出險，因此得到有智慧的美譽。

『六二爻：王臣蹇蹇，匪躬之故。』

此爻指六二爻爲大臣，雖自身力量弱，但仍決心濟君王之險難，雖力不從心，但志氣可佳。故可不受責備。

『九三：往蹇來反。』

九三爻是剛居陽位，有濟蹇難之才能，但仍未到出險之時，上往則又入蹇難，只有反回不動才是吉。

『六四：往蹇來速。』

六四爻已脫離艮體入坎險之中，但六四爻爲柔爻，無力出險，九五爻與六四爻相比相親，自動來相連，幫助出險。

可濟。

『九五：大蹇朋來。』

九五爻在上卦中位，象徵已入坎險之中，敢於犯險，又有其他諸爻相助，蹇難可濟。

上六：往蹇來碩，吉，利見大人。

上六爻居上卦坎之最終之爻，表示蹇難已解除，也跟從九五爻來依附，於是又獲得助君主脫險的碩大功勞，這是跟從有德之人以從貴，這是十分吉利的。

蹇卦亦爲濟難之卦，從剛有險要等待時機，當止則止，到君臣有義，捨身赴義而濟險，到九三爻徘徊猶豫，考慮情勢而來來返返，到六四爻有強者來連幫忙濟險，到九五爻犯險，有友相助。到上六爻靠邊站，不但使自己出險，也得到大功勞。在這種種的濟險、出險的過程中的理論分析，有其獨到之見解，值得令人思考。

其他還有屯卦、蒙卦皆爲險難之卦，屯卦爲產難之卦。**屯卦**（䷂）爲下震上坎，這是『動乎險中』。這意味天地相交，坤體中有了孕育，故必有後之產難發生。

項安世解釋說：『有喪者，為家難。有兵者，為國難。女生者，為產難。屯者，始難之卦也。』

因此，這個產難是包括家難、國難，生產之難等多種災難。等到上六爻，產難解除，就意味天地萬物出生之始了。

蒙卦（䷃）是下坎上艮，故爲『險而止』。此是指盲目前進，直到遇到坎險了才止步。蒙卦是山下有險，見險而止，由言無知，無教化。

蒙卦在初爻時，論啓蒙教育，要用刑具來教化蒙童。在九二爻時，有『時中』剛柔適中的師長來教導，使蒙童一路成長爲能興家立業的嫡長子，而得吉。六三爻時，爲行不恭的兒童，不堪施教化。六四爻爲得不到師長教化。六五爻是蒙童虛心求教，而欣然接受師長教化。

上九爻是剛暴的嚴酷師長，對不好的蒙童會打擊，使之不論爲敵寇。對好的蒙童，會好好教化。

由此可知，無知也是一種災難。此難豈不比窮困之難大矣！

參考書目

周易正義　王弼、韓康伯注
周易略例　王弼撰
經典釋文　陸德明撰
周易本義　朱熹撰
《惜抱軒文集》　姚鼐撰
《中國畫論類編》　俞崑編著
《樂記》
俞氏易輯說　俞琰撰
周易玩辭　項安世撰
易傳　程頤撰

參考書目

大易輯說　王申子撰

周易集注　來知德撰

周易折中　李光地主編

周易稗疏　王夫之撰

周易辨畫　連斗山撰

周易通論　李光地撰

周易觀彖　李光地撰

周易本義辯證　惠棟撰

易　例　惠棟撰

易章句　焦循撰

周易補疏　李焦循撰

易象意言　蔡淵撰

周易集解纂疏　李道平撰

東坡易傳　蘇軾撰

說文　許慎

易經六十四卦詳析

◎袁光明 著

易經六十四卦詳析

這是一本欲瞭解《易經六十四卦》中
每一幅卦義的工具書。

易經主要的內容與境界在於理、象、數。
象是卦象，數是卦數。
『數』中還有陰陽、五行等主要元素。
因此要瞭解六十四卦的內容，
必須從基本的爻畫排列方式與
稱謂開始瞭解，以及爻畫間的
『時』、『位』、『比』、『應』等關係，
最後能瞭解孔子所說的：
『易簡而天下之理得矣。』

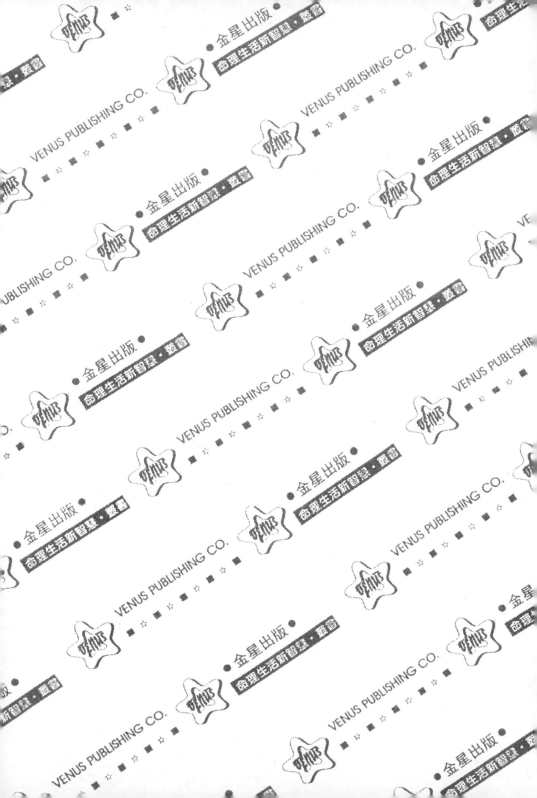